「運と不運」には理由があります

銀座のママは見た、成功を遠ざける残念な習慣33

伊藤由美

ワニブックス
|PLUS|新書

はじめに

一日に一度も鏡を見ない人はほとんどいないのではないでしょうか。

朝なら洗顔や歯を磨くとき、メイクをするとき、ひげをそるとき、出かける前のブラッシングなど。昼ならお手洗い使用どき。夜なら入浴や洗髪どき――。

タイミングは人それぞれだとは思いますが、人は毎日、自分の顔や全身を鏡に映して身だしなみを整え、乱れている部分があれば直しています。

ただ、時間の余裕がないときはこの習慣をパスせざるを得ず、その結果、思わぬ失敗をしてしまうことも。

寝ぐせ直しのためにカラーへアピンを外さずに電車に乗ってしまった。

口元に歯磨き粉の跡がついたまま出かけてしまった。

朝食のごはん粒をつけたまま出勤してしまった――。

周囲の人がチラチラとこちらを見ている、すれ違う人がみなクスクス笑っているようで、ようやく「変だな」と気づき鏡を見てビックリ。こんな、思い出しても顔が赤くなるような恥ずかしい経験をしたことがある人、決して少なくないはずです。

かなり前のことですが、お店に見えられたお客さまのズボンのファスナー（昔で言う〝社会の窓〟ですね）が開いていて、気づいていないご本人にどうお教えしたらよいのか困ってしまった、なんていうことも。これも世の殿方には身に覚えがある方が多いのではないでしょうか。

申し上げたいのは、それくらい、人は「自分自身のことが見えていない」ものだということです。だからこそ、私たちには鏡を見る習慣、鏡を見て自分の身だしなみをチェックする習慣が欠かせないのですね。

そして、このことは身だしなみに限らず、日々の態度や言動、生活習慣などにも相通じています。

自分では一生懸命、頑張っているつもりなのに、なぜか仕事がうまくいかず、なかなか成果が上がらない。

なぜか周囲からの評価が芳しくない。

なぜかツキに恵まれず運が巡ってこない――。

仕事や人生でうまくいかない状況を、「ツキ」や「運・不運」によるものだと思い込んでいる方、あるいは思い込もうとしている方は多いのではないでしょうか。私は「運と不運」をもたらすのは、その方々の日々の言動そして些細な日常の習慣の積み重ねではないかと考えています。そして、不運な状況を脱して、運に恵まれるためには、不運を招いているご自身の言動や習慣に気づき、それを改めることが必要なのだと思うのです。

もちろん、別のところに原因があるケースもあるでしょう。ただ、そこで「自分が日頃から信頼され、評価される行動をしていなかったのではないか」「自分のほうに自省して改めるべきことがあったのではないか」と考える視点を持つこともまた、すごく重要だと思うのです。

それは、毎日出かける前に鏡を見て自身の姿をチェックするのと同じこと。言葉を変えれば、「自分と自分の言動を客観視する習慣を持つ」ということなのですね。

「目で目は見えぬ（自分のことは自分ではわからず、欠点にも気づかないことの例え）」ということわざがあるように、自分のことをいちばん見えていないのは誰でもない自分自身――このことを自覚し、常に忘れないことが大事。もちろん私自身の自戒の気持ちも込めて、そう思う次第です。

僭越ながら本書は、夜の銀座で43年間、数多くの企業人のお客さまと接してきた者の立場から、ビジネスの世界に身を置くみなさまにとって、ご自身を客観視するための一助になればという思いを込めて書かせていただきました。

鏡を見て身だしなみを整えるように――。毎日でなくても構いません。折を見ては、自分では見えない「自分自身を見つめるための鏡」として活用していただければ幸いです。

「クラブ由美」オーナーママ　伊藤由美

1

心を込めて あいさつできていない人

「おはよう」「おやすみ」「こんにちは」「こんばんは」

「行ってらっしゃい」「おかえりなさい」「お疲れさま」

「ありがとうございました」「よろしくお願いします」「失礼します」

〝心を開いて声をかける〟ことで、周囲と気持ちのいい良好な関係を築く――あいさつは、言うまでもなく、社会生活を送る上での基本中の基本です。


そんなこと言われなくてもわかっている――。


そうおっしゃるかもしれません。でも、本当にそうでしょうか?

「わかっている」と「できている」はイコールではありません。

「当たり前のこと」だから「当たり前にできる」とは限りません。

事実、〝言われなくてもわかっている当たり前のこと〟ができていない人は決して少なくないんですね。

基本のあいさつのように、社会生活や会社員生活を送る上で大切な言葉をハキハキと、気持ちを込めて言えない人に、仕事がデキる人、部下から慕われる人、周囲からの人望を集められる人はいません。

なかには社内での立場が強くなるにつれて、それまでできていた基本のあいさつができなくなる人、周囲からのあいさつへの対応がおざなりになる人がいますが、こういう人は、総じてどこかで足元をすくわれるもの。

偉くなったらあいさつしなくていいという不遜な考えの人は、いつか躓《つまず》くと断言できます。

あいさつをするという行為は、「自分はここにいる」という自己の存在証明のアピールであり、さらに相手に対して、「あなたの存在を認めています」と伝えるサインでもあります。

逆に言えば、あいさつをしないことで、相手に「ここにいるのに無視されている」「存在してないかのように扱われている」とも思われかねません。

そのひと言で相手を認め、自分を認めてもらう。コミュニケーションはそこからが始まりです。あいさつが人間関係の基本と言われるゆえんはこれなのですね。

あいさつができない、あいさつをしない、あいさつを軽視するという人は、とかく「自己中心的な人」というイメージを持たれやすいもの。

どんな仕事も自分ひとりではできません。仕事はチームや集団を形成し、人間関係を構築しながら進んでいきます。

そのなかで、「あいさつもできない、周囲と調和する力が欠けている人」と思われたら、仕事の妨げになると判断されてしまうでしょう。

朝、「おはよう」のひと言もなしに黙ってオフィスに入ってくる。自分はそれでもいいかもしれません。しかし、そこにいる他の人たちはどうでしょうか。「機嫌悪そう」「無愛想で感じ悪い」「何を考えているかわからない」――といった不快感を覚えてもおかしくありません。

集団のなかで他者に不快感を与えること自体、コミュニケーション能力の欠如と言えます。しかもそれに気づかないのは、社会人として大いに問題ありです。

あいさつは礼儀やマナーだけでなく、周囲との和を形成して一体感を醸成するための社会的スキルでもあるのです。

最近、とくに若い人たちの間には、仕事において「あいさつは不効率」「あいさつは無駄」といった考え方もあるようです。

「おはよう」の言葉に意味などないし、仕事の案件に関わる話でもない。だったらそのやりとり自体、する必要がないのではないか。

もし仕事をしているときにあいさつされたら、一度、手を止めて返事しなければいけない。仕事の効率が悪いのではないか。

集中しているときにあいさつされると〝ウザイ〟と思う。

――こう思う人が増えてきているのだとか。「意味がないからあいさつしない」という発想には驚いたものです。

でも、私は思うのです。仕事も人間関係も、「効率」とか「要不要」だけがすべてではないのだと。

もちろん効率を追求することは大切ですし、不要不急と必要緊急を見極めることも大事です。ただ、人間ですから、それだけではありません。

人間だから気持ちよく仕事をしたいと思う。人間だから不快な思いをすればテンションが下がる。人間だから心と心のつながりを心地よいと思うのです。

同じ空間で同じ時間をいっしょに過ごして仕事をする者にとって、お互いに心を開いて距離を近づけ、その関係をより気持ちのよいものにするあいさつは、仕事の効率化の妨げになるどころか、大きなプラスになると私は信じています。

ただ、「惰性で言っているだけ」「いいかげんに返しているだけ」では、本当の意味でのあいさつにはなりません。

例えば「おはよう」は歌舞伎に由来し、朝から準備をする役者を「お早くから、ご苦労さまです」という労《ねぎら》いの意味が、「こんにちは」には、「今日はご機嫌いかがですか」と相手の体調への気遣いの意味があるのだそうです。

また「行ってらっしゃい」には「無事に行って、無事に戻って」の意味が、「ただいま」には「たったいま戻った」という長きの不在を詫びる意味があります。

ですから、あいさつは決して「特別な意味のない符丁」ではないのです。

こうした言葉の意味を理解し、一回一回、その意味をかみしめ、相手に対して気持ちを込めて口に出せるかどうかが重要なのです。

ITツールの進化によってパソコンやスマホと向き合う時間が多くなった上に、昨年来の新型コロナウイルス対策でリモートワークが推奨されていることもあり、直接人と顔を合わせてあいさつをする機会が減ってきています。

でも、こんな時代だからこそ、人と人とのつながりを生むあいさつが、これまで以上に求められるのではないでしょうか。

たかがあいさつですが、されどあいさつ。

その姿勢からは、仕事がデキるデキない以前の、その人の人としての資質が見えてくるのです。

ここをチェック!

「惰性で言っているだけ」「いいかげんに返しているだけ」ではNG。言葉の意味を理解し、その意味をかみしめ、相手に対して気持ちを込めて口に出せるかどうかが重要です。

2

「ありがとう」を言わない人

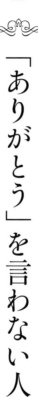

「やぁ、ありがとう」「おう、サンキュー」「ああ、すまないね」――

『クラブ由美』にお見えになるお客さまのなかに、お酒をつくって差し上げたときや、トイレから戻られておしぼりをお渡ししたときなど、ちょっとしたタイミングで、さらりと「ありがとう」と言ってくださる方がいらっしゃいます。

私たちのように接客業をしていると、そのひと言をいただけるだけで、とても嬉しく、心がほんわかとあたたかくなってきます。

些細な、取るに足らないことでも、何かをしてもらったときには「ありがとう」と声に出して言う。気持ちのよい人間関係づくりのいちばんの基本でしょう。

レストランでメニューを持ってきてくれたホールスタッフに「ありがとう」。
会社でコピーを取ってくれた部下に「ありがとう」。
訪問先でお茶を運んでくれた人に「ありがとう」。
買い物をしたときお釣りを手渡してくれたレジ係に「ありがとう」。
エレベーターで閉まりかけのドアを押さえてくれた人に「ありがとう」。

日常のほんのちょっとした出来事のなかで生まれる感謝の気持ちを大事にしている人、そしてその気持ちをきちんと言葉にできる人は、すごく素敵に思えます。

ところが残念なことに、成人して大人になっても、人生経験を重ねて相応の年齢になっても、このひと言が言えない人がいます。

単に照れてしまってうまく言えないというシャイな人もいるのですが、そうでない場合もあります。

とくに、仕事でそこそこのポジションにいる人にありがちなのが、自分が何かをしてもらったことに対して「当然」と考えているケースです。

部下や後輩、派遣の社員やアルバイトなど、自分より立場も年齢も下の相手には、やってもらうのが当たり前と思っているから「ありがとう」が出てこない、というより「感謝する必要がない」と考えているのです。

なかにはプライドが高いがゆえに、上司が部下にお礼なんて言ったら立場がない、上司としての威厳が保てないと感じて「ありがとう」が言えない人もいるでしょう。

誰もそんなこと思ってなどいないのに、滑稽な話ですよね。

でも、そんな無粋な人が存在するのも事実です。

ある調査で、男性は世代が上になるほど「ありがとう」を言う回数が少ないという結果が出ているそうです。50代の男性が言う「ありがとう」の平均回数は、10代男性の半分しかないのだとか。

年齢を重ねるほど感謝する気持ちが少なくなっていく――考えさせられますね。

人間は「喜怒哀楽」や「快不快」といった感情を伴う出来事を、より強く覚えているという話を聞いたことがあります。

何でもない、当たり前のことなのに、「ありがとう」と感謝してくれた――。こうした心があたたかくなる経験は、嬉しい記憶としてずっと残り続けるもの。

同様に、「客だからしてもらって当然」「サービスだからお礼なんか言う必要ない」とばかり、尊大な態度を取られると、そのとき感じた「あ～あ」という残念な気持ちも、やはり心に残ってしまうものです。

あなたは、今日、誰かに「ありがとう」と言いましたか？
同じように相手の記憶に残るのなら、嬉しい記憶を残したいと思いませんか？

小さな感謝に「ありがとう」を忘れずにいると、自分のために何かをしてくれる周囲の好意にも敏感になれるもの。「してくれたこと」への感謝があれば、「してあげたい」というやさしい気持ちも生まれてきます。

その積み重ねがある人と、ない人では、周囲の評価も格段に違ってくるのは当然と言えるでしょう。

ここをチェック！

「してもらって当然」はＮＧ。とくに人間関係に悩んでいる人は、小さな感謝に鈍感になっていないか、「ありがとう」が言えているかどうか、自問してみてください。

3

「後の人、次の人のこと」を考えない人

いつだったか、お店の女の子に、俳優の哀川翔《あいかわしょう》さんがテレビで話していた「家族の恐怖のルール」がおもしろかったという話を聞きました。そのルールとは、

「トイレットペーパーを最後まで使って補充しなかったら半殺し」

「落ちているゴミを跨《また》いだら半殺し」

というもの。

哀川さんらしいとはいえ〝半殺し〟とは穏やかではありませんが、ルールそのものについては「なるほど」と思わされたものです。

その話を聞いて、「立つ鳥跡を濁さず」ということわざが心に浮かびました。

その場の水を濁らせず、澄んだままにして飛び立つ水鳥のように、人も「その場を立ち去るときは、見苦しくないようにきれいに始末をしなさい」という教えです。

この言葉は、転職や退職の際には身ぎれいに円満に辞めるべきという「引き際の美しさ」の例えに使われることが多いのですが、意味するところはそれだけではない、と私は思っています。

「立つ鳥跡を濁さず」とは、今いる場所（とくに公共の場）から立ち去るときは、「後から来る人」や「次に使う人」のことを考え、その人の気持ちを慮って行動しなさい、という教えでもあると思うのです。

でも残念ながら世の中にはそのことに考えが及ばず、「跡を濁しっ放し」で平気な人が少なくありません。オフィスでも、

コピー機で拡大コピーを取ったら、標準設定に戻さずそのままにしっ放し。

コピー用紙がなくなっても補充せず、そのままにしっ放し。

シュレッダーのゴミがいっぱいになっても、そのままにしっ放し。

会議室を使ってイスやデスクを動かしても、元に戻さずそのままにしっ放し。

何でもかんでも「そのままにしっ放し」で、その後に使う人のことを考えない。こういう配慮や気遣いの意識に欠けている人は、十中八九、いい仕事ができません。

当然のことながら、仕事は人と人との関係の上に成り立っています。いわばチームプレーです。ですから、「自分だけがよければいい。あとは知ったことじゃない」という自己中な考え方をしている人の仕事が首尾よく進むはずがありません。

自分だけでなく、周囲の人の仕事もスムーズに進むように、いっしょに働く仲間もストレスなく仕事ができるように。そのために「自分は何をすべきか」を考えて行動することが必要です。

そうした行動を心がけることは、回りまわって自分の仕事をスムーズに、首尾よく進めることにもなるでしょう。

次にそこに来た人たちが、次にそこを使う人たちが、先に立ち去った人に対してどんな印象を持つか。

「あ、きちんと片づけてある。助かった」
「やっぱりあの人、ちゃんとしてるね」
「自分が使ったんだから、補充くらいしろっての」
「あの人、またやりっ放しだよ」

社会人としての評価とは、こうしたところに表れるのではないでしょうか。

次に使う家族のために、トイレットペーパーがなくなったら補充すること――哀川家のルールは、社会生活の基本ルールなのです。

社会人たるもの、去り際は美しく。あなたがさっきまでいた場所には、あなたの人間性が残されている。そう心得たいものですね。

ここをチェック！

仕事はチームプレー、「自分さえよければ」はNG。「後から来る人」や「次に使う人」のことを考え、その人の気持ちを慮って行動することが、スムーズな仕事の流れを呼び、あなたの成果にも返ってきます。

4

姿勢が悪い人

『クラブ由美』を開店して以来、お店ではずっと着物です。

私にとっての着物は、心をピシッと引き締めてお客さまと向き合い、おもてなしするための〝戦闘服〟のようなもの。

着物を品よく、美しく着こなすために大事なのは姿勢です。いくら高級な着物を着ていても、背中が丸まっていたり、立ち姿が歪んでいたりしてはその魅力も半減。ですから、普段から常に姿勢よく振る舞う意識を持ち続けています。

洋装だって同じこと。どんなにブランド服で着飾っておしゃれをしても姿勢が悪ければすべて台無しです。ピンと背筋が伸びた正しい姿勢で着てこそ、美しく、カッコよく着こなせるのです。

また、姿勢は、その人の印象を左右するとても重要な要素でもあります。

背筋がまっすぐピンと伸びている人は元気で快活、自信にあふれて前向きで若々しい印象を持たれるでしょう。

背中が丸まった猫背の人は、それだけで自信がなく、消極的で不健康といったネガティブな雰囲気が漂ってしまいます。

人間、見た目の印象は大きく、姿勢が悪い、猫背というだけで、思わぬ誤解を招いてしまう恐れだってあるのです。

さらにビジネスマンが注意したいのは「座っているときの姿勢」です。顧客や取引先など外部の人と会って話すときは緊張感もあって姿勢にも気が回るでしょう。ところが、自分のデスクで仕事をするときや社内だけのミーティングになると気が緩んで姿勢が悪くなる、というのはよくある話。

背もたれにだらしなく寄り掛かり、首だけ前に出して猫背になったり、デスクに乗り出して片肘だけで頬杖をついたり、靴を脱いでイスの座面に胡坐《あぐら》をかいたり、机の上に足を乗せたり――。

自社内だからと気を抜いて、とてもよそ様には見せられないみっともない姿勢がクセになっている人もいます。

実はこの普段の座り姿勢が、ビジネスマンとしての印象に大きく影響するのです。

背もたれにふんぞり返っていると、それだけで偉そうな、どこか傲慢なイメージを与えますし、猫背で頬杖をついている姿は、ダルそうな、やる気のなさそうな印象に直結してしまいます。いくらまじめに仕事をしていても、その姿勢だけでマイナス評価を受けてしまうリスクが高くなるのです。

また、背筋が伸びているかどうかで脳の働きが違ってくることもあるようです。姿勢が悪いと胸部が圧迫されるなどで呼吸が不十分になり、脳に行き渡る酸素量が少なくなって集中力や思考力低下にもつながってしまうのだとか。

姿勢が悪い人は「仕事がデキない」という印象を与えるだけでなく、「実際に仕事がデキなくなる」可能性もあるというわけです。

さらに、姿勢が悪くて呼吸が不十分だと、自律神経のバランスも崩れやすくなるとも言われています。

そういう意味では、姿勢は健康と仕事のバロメーターとも言えるでしょう。

その不運、その不調、もしかしたら「姿勢」にも原因があるかもしれません。ただ、猫背がクセになっている人ほど、自分ではなかなか気づかないもの。ですから、普段から時折、自分の姿を鏡に映して姿勢を確認してはいかがでしょうか。「最近、仕事がうまくいかない」と悩んでいる人はとくに、普段の姿勢に気をつけて。無意識のうちに猫背になっていたら要注意。日頃から意識して背筋を伸ばす習慣をつけましょう。気持ちがピシッとすれば周囲の印象も変わります。印象が変われば、普段の行動も立ち居振る舞いも変わってきます。

姿勢を正すだけで人生が好転するなら、やってみる価値ありだと思いませんか。

ここをチェック!

姿勢は健康と仕事のバロメーター。ときには、鏡や窓に映った自分の姿勢をチェックして、背筋が伸びたよい姿勢を取り戻しましょう。

5

時間にルーズな人

約束の時間を守る――これは社会生活を送る上での基本です。時間どおりに来る。いえ、むしろ約束の時間よりも早めに到着している。そうした行動は周囲への気遣いであり、人として当たり前のことです。

逆に言えば、「時間を守れない」のはビジネスパーソンにとって致命的とも言える深刻な欠点なのです。

今やスマホのメールやSNSで、いつでもどこでも、事故で止まった電車の中からでも連絡が取れる時代。持ち合わせに遅れそうになっても、「5分遅れる」「あと10分で着くから」と状況をリアルタイムに伝えられるため、「約束の時間に遅れること」自体、あまり気にしない人が増えた気がします。

でも、「便利になった」は「連絡がつくから少しくらい遅刻しても平気」とイコールではありません。いくら便利になろうとも、時間を守るというマナーや気遣いを忘れていいことにはなりません。すぐに連絡がつくことは、時間を守らなくていい免罪符にはならないと思うのです。

「5分や10分待たせたって大丈夫」「向こうも遅れているかもしれない」と考える人

は、どんな待ち合わせにも遅れてきます。

「時間どおりに行かなくちゃ」「待たせたら申し訳ない」と考える人は、どんな待ち合わせでも、常に時間どおりに来ているもの。

時間を守る人は、いつだって待たされることになるのです。これっておかしいですよね？


約束の時間に毎回遅れてくる。遅れても悪びれない。ときにはその連絡もなしにドタキャンする――。気心の知れた友だち同士なら「ああいう人だから」で済むかもしれませんが（済まないのが普通だと思いたいのですが）、社会生活全般のなかでこんなことを繰り返していると、間違いなく「信頼できない人」の烙印を押されてしまいます。

「仕事がデキて成功する人の共通点は、遅刻しないということだよ」――会社を経営されているあるお客さまが、以前、こんなことをおっしゃっていました。

もちろん、どんなに気を配っても想定外のアクシデントに見舞われて約束の時間に間に合わないことはあります。でもデキる人は〝想定外をも想定〟して、常に「時間に余裕を持って行動する」という意識を持っています。

「遅刻は、相手の時間を浪費させているのと同じこと」とよく言います。約束の時間に遅れると、それだけ相手を〝ただ〟待たせることになる。こちらの遅刻で相手の貴重な時間を無駄に使わせてしまうということです。

当然、ビジネスの現場での遅刻は、自分の首をも絞めることになります。

仕事の打ち合わせや交渉の時間に遅れて相手を待たせることになれば、その会合は、こちらの「お待たせしてすみませんでした」という謝罪から始まることになります。厳しい見方をすれば、スタートの時点ですでに、待たされた相手のほうが優位に立ってしまう。最初からハンディキャップのある、対等ではない交渉になってしまうでしょう。

「何を大げさな。5分や10分の遅刻で仕事に影響なんてない」——確かにそうかもしれません。

でもビジネスにおける交渉事で相手が重視するのは、自分たちの利益やメリットだけではありません。それ以前に、「取引相手が信用できるかどうか」「社会人として当たり前のことがきちんとできる人か」を見ているのです。

だから、待ち合わせの時間には何があっても遅れない。

そして、何かあったときのことを常に想定して行動する。

社会人としての信用は、ここから始まります。

ご自身を振り返ってください。

「待たされる」より「待たせる」ことが多くなっていませんか？

「時間」への意識が緩んでいませんか？

「いつも時間どおりの人」と「あの人はいつも遅れてくる人」——あなたは周囲から、どちらの人だと思われていますか。

ここをチェック!

「仕事がデキる人」「成功する人」の共通点は決して遅刻しないこと。時間を守ることは、相手から信用に足り得る人かどうかを判断される重要なポイントなのです。

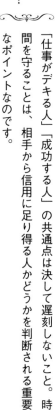

6

心のキャパシティが狭い人

感情の起伏が激しく、突然〝怒りのスイッチ〟がオンになる。他人の些細な言葉や行動に過剰に反応して感情を爆発させ、大声で怒鳴る、モノに当たる、最悪は手が出るなど、自分の感情をコントロールできなくなる。

世間で言う「すぐにキレる人」はどこにでもいるものです。

注文した料理が出てくるのが遅いとキレ、店員の対応が悪いとキレ、電車で肩が当たったとキレ、事故で電車が止まって会社に遅れそうとキレる。コロナ禍のもとでは電車内で咳をしたからとキレ――。とくに都市部では、こうした光景が珍しくなくなっています。

こうした些細なことが原因で人を傷つけるような事件が起きてしまうのですから、何とも殺伐とした世の中になってしまったものです。

人間ですから誰にだってカチンときたり、イラッとしたり、嫌だなと思うことはあるでしょう。自分の意見や嗜好を否定されてムカつくこともあります。

でも、そんなときなんですね、その人の〝心のキャパシティ〟がわかるのは。

心のキャパの狭い人は、些細なことでもすぐに感情が暴走してしまいますが、心のキャパに余裕がある人は、そんなときも笑って、軽く受け流せます。

日常生活で遭遇する「カチン」や「イラッ」「ムカッ」も、そのほとんどは感情を爆発させるほどに深刻なことではありません。「まあまあ、そんなことくらいで怒鳴ったりしなくても」といった程度のことでしょう。

だったら、少しばかり気に入らないことがあっても、「おいおい、そこはちゃんとしようよ」という呆れるようなことがあっても、いちいち過剰反応せず、軽く、さらりと受け流してしまえばいいのです。

カチンとくるようなことを言われても、嫌味のひとつやふたつ言われても、相手の言葉尻に神経をとがらせたりせず、「はいはい、どうぞどうぞ」と右から左へ聞き流しておけばよいのです。

例えば、好きな映画の話になったとします。あなたが挙げた作品を、「ウソでしょ。アイドルが主演だからヒットしただけで演技もひどいし、脚本も平凡だし。あんな駄作のどこがいいの？」と頭ごなしに全否定されました。

さあ、どうしますか。

確かに、誰だってこんなふうに言われたら心穏やかではないでしょう。ただ、問題はその後です。そこで、腹立たしさに任せて「ふざけるな。あのストーリーのよさがわからないなんて、どんなセンスしてるんだ。先入観で決めつけるような人が映画を語るなよ」と感情的になってしまうか。

それとも「そうかぁ。見方は人それぞれだよね、僕はしっくりきたんだけどなぁ」と、軽く笑って受け流せるか。

大人として心に余裕がある人の振る舞いがどちらかは言うまでもありませんよね。たとえそのことで自分のプライドが傷ついたとしても、意に介さずに笑って、スルーできる。それが「大人の度量」だと思うのです。

心ないひと言に、けんか腰で対応することで、事態はさらに悪化、余計なトラブルにも発展しかねません。自らの嫌な気分に拍車がかかる上に、時間やその他のコストの無駄につながりかねません。それってバカバカしいことですよね。

その人にはその人の生き方、考え方があり、自分には自分の生き方、考え方があります。人それぞれ、好き嫌いや価値観にだって違いがあって当たり前。自分にとっては「あり」でも、人によっては「なし」なんてことも日常茶飯事でしょう。

他者との違いをいちいち取り立てて、熱くなって声を荒げてまで反論するなど、ただただ〝大人げない〟だけ。「確かに、そういう見方もあるよね」「まあ、こんな人もいるよね」と違いを受け止めて、やり過ごすのが大人というものでしょう。

もちろん、自分の尊厳を根本から傷つけられるような「これだけは許せない」ということに直面したときは、きっちりと異を唱えて抗議をすべきです。

でも、たとえそうしたときであっても、心のキャパが広い人は感情的になって相手を罵ったりせず、冷静に、論理的に話すことができるのです。

自分が気に入らないからと騒ぎ、自分と違うからとわめき立て、それを諫められると暴れ出す——。気が弱くて怖がりのことを「ノミの心臓」と言いますが、こうしたタイプもまた、ノミの心臓サイズの心のキャパシティしか持ち合わせていない、別の意味での〝小心者〟と言えるでしょう。
心のキャパシティは、心の豊かさに比例します。嫌なことがあっても、嫌なことを言われても、水の流れを悠然と見送るが如く受け流す――。心がギスギスしがちなこんな時期だからこそ、そんな〝大心者〟でありたいですね。

ここをチェック！

ちょっとした「カチン」「イラッ」「ムッ」に感情を爆発させては、自分が損。笑って軽く受け流すことで、心穏やかでいられるし、余計なトラブルも生みません。そんな心のキャパが大きい人の周りには自然と人が集まります。

7

人の欠点ばかりに目がいく人

「よくできました」「すごいね」「大したもんだ」――人は誰でも、そしていくつになっても、褒められると嬉しいもの。子どもの頃、先生から〝はなまる〟をもらってバンザイした、次もまた頑張ろうと思った――そんな思い出はありませんか？

褒められると嬉しい。褒められると笑顔になる。褒められると〝やる気スイッチ〟がオンになる。褒められると自分が認められた気がして自信がつくものです。

人は褒められるとドーパミンという〝幸せな気持ち〟をもたらすホルモンが分泌され、楽しいお酒で気分よくほろ酔いになっているのと同じ状態になるのだそうです。

お客さまと接していても、人望が厚く、仕事で成功されている方はみな〝褒め上手〟です。部下や同僚に対して、取引先の人に対して、さらには自分より立場が上の人に対しても、さらりと、わざとらしくなく、気持ちよく褒めることができるのです。

人を褒めるのは、「その人のいいところ、優れているところ」を見つけて、プラスの評価をする行為。褒め上手の人は、常に相手のいいところを探そう、見つけようという気持ちを持っています。

言ってみれば、人を「足し算」で見ているということ。この人に、もっといいところはないか。素敵なところはないか。高評価をさらにプラスしようという意識を持って人と向き合うから、いいところに気がつくのです。

逆に、人の短所や欠点ばかりが目についてしまうと、つい否定したくなったり、文句を言いたくなったりと、どうしても「引き算」での評価になってしまいがち。

何でもかんでも褒めればいいというものでもありませんが、何でもかんでも否定的に捉えていては、良好な人間関係を築きにくくなります。

いくらテクノロジーが進化しようとも、結局のところ仕事は人間が相手。その人間関係のなかで気持ちよく仕事を進めるためには、「上手に褒める＝人を足し算で評価する」という姿勢もすごく重要だと、私は思っています。

他人の欠点やネガティブなところにばかり目がいきがちな人は、意識して相手のいいところを探す努力、人を「足し算で見る」努力をするべきでしょう。

これは仕事に限った話ではありません。褒められれば嬉しいのはプライベートでも同じこと。人を褒めるという行為は、日常生活でも人とのコミュニケーションを円滑にしてくれる潤滑油になります。

「この料理、すごくおいしいよ」「その腕時計、カッコいいね」「君はいつも礼儀正しくて気持ちがいいなぁ」「こんなに歌が上手なんて知らなかったよ」――その褒め言葉が場を和ませ、会話に弾みをつけてくれるものです。


人のいいところを見つけるためには、人や周囲の状況をしっかり観察し、目を配っておくことが求められます。

仕事の進捗状況をしっかり把握しているから、「毎日頑張っているな」と褒めることができる。

裏方仕事を頑張っている姿を見ているから、「君のおかげで成果が上がった」という褒め言葉が出てくる。

相手の服装を注意して見ているから、「今日のネクタイ、センスいいですね」とさりげなく言える。

褒められて嬉しいのは、「自分のことをちゃんと見てくれている」ことの嬉しさでもあります。この感情が信頼関係を生み出すのです。

また褒めることは、褒められた人だけでなく、褒めた人にもいい影響を与えます。自分が褒めたことで相手が笑顔になったり、自信を持ったりすると、褒めたこちらも「自分のことのように嬉しい」と感じるもの。その満足感や幸福感が「相手のいいところを見つけよう」という姿勢をさらに後押しして、人との接し方もより前向きになっていきます。まさに「褒め言葉は人のためならず」なのです。

常に目を配って相手のいいところを見つけ、さらりと褒めていますか？ 照れず、恥ずかしがらずに、相手にはっきりと「いいね」を伝えていますか？ 短所ばかりに目がいく引き算ではなく、長所を探そうとする足し算で。人を見るときの計算式を変えるだけで、仕事もプライベートも大きく変わってくるはずです。

ここをチェック！

仕事で成功する人は、みな褒め上手。褒める側の「相手のいいところに目を向ける姿勢」と、褒められた側の「自分を見てくれていることへの喜び」が両者の信頼関係を生み出すのです。

8

小声で語尾がはっきりしない人

その人の心身の状態が如実に表れるポイントのひとつが「声」です。

仕事が順調で、プライベートも充実。自分に自信を持てている人は、自然に活き活きとして張りのある声になるもの。逆に、仕事やプライベートがあまりうまくいかず気持ちが凹んでいるときは、どうしても声量が小さく、ボソボソとこもった感じになりがちです。

それは見方を変えれば、声によってその人の他者に与える印象が大きく左右されるということです。その人の本質とは必ずしもイコールではないのでしょうが、声が与えるイメージは思った以上に大きいもの。

例えば、大きな声には積極的だったり押しが強そうな印象を、小さな声には元気のない消極的な印象を、低くて重厚感のある声は理性的で、高くてキンキンする声は感情的な印象を覚えませんか。

会話やコミュニケーション関係の本によく登場する「メラビアンの法則」をご存じでしょうか。他人に与える印象を左右するのは、「見た目や表情、仕草などの視覚情報が55％」、「声質や話し方、話すスピードといった聴覚情報が38％」、「話の内容にあたる言語情報が7％」だという考え方です。

つまり話の内容は、話すときの表情や声、話し方が与える印象を超えられないということ。どんなに素晴らしくて感動的な話でも、うつむいたままボソボソと小さな声で話すと、その声による消極的な印象のほうが勝ってしまうのです。

覇気のない、くぐもった、蚊の鳴くような声だと、大切な話が相手にきちんと伝わらないこともあります。とくにビジネスマンにとってよく通る声、張りのある声は、その人の仕事そのものに直結してくる非常に重要なファクターと言えるでしょう。

私のこれまでの経験で感じることなのですが、仕事がデキて周囲からの人望も厚い人の声には、ある共通点があります。それは「よく通る声」だということです。

よく通る声とは、単に「大きい声」ではありません。よく「声の大きな人間が勝つ」などと言うように、大きい声には「言ったもの勝ち」とか「押しが強いものの勝ち」「自己中心的で人の話を聞かない」といったある種の否定的な意味合いが多分に含まれています。

「よく通る声」はそれとは違います。言ってみれば「張りのある声」のこと。音量の問題ではなく、「はっきり聞き取れる声」、うるさいのではなく「存在感のある声」のことです。

テレビを見ていると、よく「声を張って」という言葉を耳にします。それはつまり、「もっと通る声で話せ」ということ。

いいコメントやおもしろいトークでも、マイクで拾えないような聞き取りにくい声で話したのでは伝わりません。そのコメントやトークだけでなく、その人の番組内での存在感まで薄くなってしまいます。

テレビタレントに限らず誰にとっても、声というのはその人の印象どころか、存在感さえも左右する可能性があるのです。

自分の意見を堂々と発言できるか。「自分は今、ここにいます」と自己の存在をアピールできるか。声の張りとは、その人の自信や積極性、前向きさに比例して表れる身体現象だと思うのです。

その逆で、もっとも困ってしまうのが、「語尾がはっきり聞こえない」人です。日本語は英語と違って、語尾によって話の内容がまったく変わってしまいます。

例えば、「ここ最近、マーケットでは○○の傾向が見られ……」と最終的に語尾がかすれて尻切れトンボになってしまったら、「見られます」なのか、「見られません」なのか識別できません。これでは仕事で重要な情報伝達に支障が出てしまいます。

仕事を進める上で、「大きい声でなくとも、相手に語尾まで明確に伝わる声で話すこと」は、ミスや行き違いを防ぐための最低限の責務であり、マナー以上に大事な守るべきルールと言ってもよいのではないでしょうか。日常的に、できるだけよく通る声で、ゆっくり話すことを心がけたいものです。

よく「小さな声は生まれつき」と言う人がいます。確かに地声の大小には個人差もあるかもしれません。でも、ビジネスで求められる「よく通る声」については、「他人にきちんと、正確に情報を伝えよう」という意識や姿勢があれば、誰でも出せるものだと思います。

なぜなら、会議などで「よく聞こえないよ、もう一度」と言われれば、ほとんどの人は二度目は聞こえるように話せるのですから。

「お腹から声を出せ」と言います。よく通る声とは、ノドだけで〝がなる声〟ではなく、お腹の底から出す〝芯のある声〟です。

頑張っているのになかなか結果が出ない。イマイチ評価がついてこない。そういう方は、声を出すときに、少しだけお腹に力を入れてみてください。

芯のあるよく通る声が出るようになれば、自然とあなた自身の立ち居振る舞いや周囲に与えるイメージ、仕事へのモチベーションも変わってくるはずです。

ここをチェック！

「小声でボソボソ」は自信のない消極的なイメージにつながります。大きな声ではなくとも、なるべくよく通る声で、語尾までゆっくり話すことで、あなたの存在感が増すことに。

9

爪が汚れている人

仕事で初対面の人とあいさつを交わすとき、いちばん最初に目がいくところは、やはり顔でしょうね。では、2番目はどこだと思いますか。

スーツ？　ネクタイ？　靴？　腕時計？――候補はいろいろありますが、「意外ですが、よく目に入るところ」があります。

それは「手」、「手の爪」です。

初対面で必ずすることと言えば名刺交換でしょう。そのとき、名刺を持って差し出す手や手の爪は、否応なしに相手の目に触れることになります。

名刺交換のとき以外でも、書類をめくるとき、スマホを操作するとき、パソコンのキーボードを叩くときなど、さまざまなビジネスシーンにおいても、手元は周囲の視線を集めているのです。

ただ、とくに男性の場合、服装や持ち物、髪型には注意を払っていても、爪の手入れには無頓着で、疎かにしがちな人が少なくないように思えます。

あまり気にしたことがないという人は気をつけてください。手の爪は、その人の印象を大きく左右するファクターなのです。

いつも爪をきれいに切りそろえている人は「清潔感があって、マメで細かいところに配慮が行き届き、私生活もきちんとしている」といった印象を与えるもの。実際に女性からモテますし、部屋もデスク周りも整理整頓され、靴やカバンなど身の回りのものの手入れも行き届いていることが多いのです。

ところが爪が長く伸びっ放し、爪の間には垢がたまったままのような人は、相手や周囲に不潔感や不快感を与えるだけでなく、「雑そう」「日常生活がだらしなさそう」というイメージを持たれかねません。

ビジネスだけではなく、世の女性陣からも、「男性と会うときは、まず手を見る」「手や指、爪がきれいな男性は好感度も高くなる」という声が多く聞こえてきます。

爪をきれいにしている人は、自分の手元が常に見られていること、そして手や爪が自分のイメージを左右することを自覚している人。爪の手入れを疎かにしている人は、自分が周囲を不快にさせていることに気づかない鈍感な人とも言えるでしょう。

まさに、「爪は口ほどにものを言う」のです。

また爪は、その人の健康状態や体の変調が表出しやすい〝健康のバロメーター〟のような部位でもあります。

例えば爪の色。爪は指先の皮膚の下を流れる血液が透けて見えるため、健康な爪は薄いピンク色をしていると言われます。爪の色が白っぽい、黒っぽい、黄ばむ、斑点が出るなど。また、爪が割れる、横筋が出る、でこぼこになるといった症状がある場合、どこかしら体に変調をきたしている可能性もあるのです。

さらに、生活が乱れると荒れてしまうお肌と同様、爪も食事による栄養状態や睡眠、生活リズムなどの影響をしっかり受けます。

不健康そうな色だったり、ダメージを受けてボロボロになった爪からは、偏食や無理なダイエットによる栄養の偏りや、夜更かしや寝不足といった不規則な生活リズムまでが見えてくるのです。

つまり、健康的できれいな爪の人は、食生活が充実して栄養バランスがよく、規則正しい生活を送っている人という印象を与えることもできるのです。

とはいえ、女性のように「ネイルサロンでケアをして」とまで言うつもりはありません。長く伸びないうちに切る。こまめに整える。さらには、食事に気を使い、規則正しい生活を心がける。これでいいのです。

爪をきれいにする、いつも短く切りそろえておく。これは仕事がデキるとか能力があるといった次元の話ではなく、社会人として最低限の身だしなみです。指の長さや太さ、形はどうにもならなくても、爪の手入れなら誰でもできるのですから。

爪が伸びていませんか？

爪先が黒ずんでいませんか？

自分では気にならなくても、周囲の人はちゃんと見ています。爪先ひとつでビジネスマン失格の烙印を押されかねないのです。

世の殿方には、ぜひとも「毎朝出かける前の指先をチェック」をルーティンにしていただきたいと思います。

ここをチェック！

名刺交換の際など、思いのほか周囲にしっかりと見られているのが指先と爪。女性たちの視線も注がれています。こまめに切りそろえるなどのケアで、清潔感と好感度をアップしましょう。

10

わからないことを人に聞けない人

あるお客さま（某企業で役員をなさっている方です）が、以前こんなことをおっしゃいました。

「信頼されるいいリーダーになれるのは、わからないことを部下に素直に教えてもらえる人間だよ」と。

「自分が知らないことを知っている人は、誰だって〝先生〟だからね。こっちは学ばせてもらう立場なんだから、たとえ相手が小さな子どもでも『教えてください』って頭を下げられなきゃダメなんだよ」とも。

「下問《かもん》を恥じず」という言葉があります。これは『論語』にある一節なのですが、下問とは「自分より立場や地位、年齢の低い人にものを尋ねること」を言います。

つまり、「自分が知らないこと、わからないことは、プライドや体面などを気にせず、立場や年齢が下の人にも『教えて』と素直に聞きなさい。教えを乞うてみなさい」という教えなのです。

言葉を変えれば、「常に謙虚でありなさい」ということ。

仕事のキャリアが長い人ほど、積み重ねてきた自らの経験や実績、キャリアを心の拠りどころにしたくなるものです。そして、ときにそれは「自分は人よりも立場もキャリアも実績も上」というプライドやおごりを生むこともあります。

何をするにもつい〝上から目線〟になって上司風を吹かせてしまう人も少なくありません。

でも、いくらキャリアが長くても、過去にどれだけの成功事例があっても、知らないことや詳しくないことはあります。誰にだって得手不得手、明るい分野明るくない分野はあります。ましてや時代の流れが速く、世の中の情勢が刻一刻と変貌している現代社会では、「去年の常識が今年の非常識」といったことさえ起こり得ます。

過去のキャリアや実績をただ振りかざすだけでは、目の前の問題や課題が何も解決しないことも多々あるでしょう。

そこまで大げさな話でなくても、パソコンの使い方やスマホの設定がわからない、流行に疎くて最近話題になっていることがわからないなど。部下や自分より若い人が知っていることを自分が知らないといった状況は往々にしてあります。

そんなとき、キャリアと経験だけが支えになっている人ほど、「人に聞く、教えを乞う」ことに気が引けてしまうもの。ましてや相手が部下や目下の若い世代だったりすると、なおさら「若いやつに教えてもらうなんて」というメンツや、「今さらこんなことを聞くのはプライドが許さない」といった自尊心が邪魔をして、素直に「教えてくれ」と言えなくなってしまうのです。

でも、卑屈になる必要はありません。わからないことを「教えて」と聞くのは恥ずかしいことではありません。知らないことを学ぼうとするのはプライドが傷つくようなことではありません。

「知らないこと」は、その人の資質にさして影響がありません。それよりも、プライドに縛られて自ら学ばない姿勢、知らないことを謙虚に学べない姿勢のほうが、よほど資質に関わる大きな問題なのです。

もちろん、何でもすぐに「教えて」ではなく、自分で調べて答えを探そうと努力することも必要です。まず自分の力で行動してみる。それでも解決しない、わからないことは素直に、謙虚に教えを乞う。その姿勢が大事なのです。

知らないこと、わからないことを、素直に学ぼうとしていますか?

誰かに教えてもらうとき、謙虚に頭を下げられますか?

先の『論語』に「下問を恥じず」があるように、日本にも「聞くは一時の恥、聞かぬは一生の恥」ということわざがあります。

知らないことを知っている人は、部下だろうが、年下だろうが、小さな子どもだろうが、みんな先生だと思ってリスペクトする——先のお客さまのような心意気があってこそ、人は深く学ぶことができます。教えてもらって得た知識以上に、人として成長できるのだと思います。

大切なのは誰からでも学ぼうという姿勢、そして誰に対しても素直に教えを乞うことができる謙虚な姿勢なのです。

ここをチェック!

妙なプライドや羞恥心は捨てましょう。自分が知らないことを知っている人は誰だって先生。謙虚に素直に学ぶ姿勢を持ち続ける人こそが、成功をつかむのです。

11

頼まれごとを安請け合いする人

「頼まれたら断れない人」には次の4つのタイプがあります。

ひとつは「断ったら相手に申し訳ない」と思ってしまう人。情にほだされて、つい「イエス」と言ってしまい、後で苦労するタイプであり、断ったら断ったで、「断られて困ってないかな」と相手に気を使うようなお人好しのタイプです。

2つめは、頼られたことが嬉しくて、それを意気に感じて期待に応えようと「ひと肌脱ぎたくなる」という〝兄貴肌〟の人。ドンと胸を叩いて「オレに任せとけ」と言ってくれる、断れないというよりは「断らない」タイプです。

3つめは、「断ったら能力がないと思われるのではないか」「自己中な人と思われるのではないか」など、自分への評価を気にして断れない人。人の目を気にするあまり、自分の事情や都合を主張できずに引き受けてしまうタイプです。

そして最後が「このくらいならできるだろう」「ダメなら途中でゴメンナサイすればいいや」という軽い気持ちで安請け合いしてしまう人。引き受けたのに、ギリギリになって「やっぱりできない」とドタキャンするのもこのタイプに多く見られます。いちばんの困り者なのは言うまでもありません。

断れない理由はさまざまですが、なかでも多いのは、真面目さややさしさ、優柔不断さがアダになってつい引き受けてしまうケースではないでしょうか。

いわゆる〝いい人〟そうに見えるかもしれません。でも私は、自分を犠牲にしてまで、過度の負担を抱えてまで、「ＹＥＳ」と言ってしまう「断れない人」は、本当の意味での〝いい人〟ではないと思うのです。

なぜなら、周囲からの人望が厚く、信頼されているデキる人は、頼まれごとをホイホイと安請け合いしないからです。言葉を変えれば、できないことは「できない」とはっきり断る勇気を持っているということです。

つまり、自分にできること、自分ではできないことをわきまえて、相手の希望に沿える自信や依頼に応えられる確証が持てないことは最初から安請け合いしないのです。引き受けた以上、「やっぱりダメでした」というのは無責任だと考えるのが、きちんとした大人のルールであり常識です。実はそんな姿勢こそが相手へのやさしさであり、気遣いなのです。

「何とかなるさ」と適当に引き受けて、結果的に何とかならずにトラブルを招くこともあります。そうなれば自分だけでなく相手の仕事の成果や評価にも大きな影響を及ぼしてしまうことになりかねません。積み重なったトラブルがその人の信用を毀損し、ときには人間関係にヒビが入る恐れだってあるのです。

最初から「できない」と断った。

安請け合いして引き受けたけれど、最終的にできなかった。

この2つは、「期待に応えられなかった」という結果は同じでも、その後に残る信頼感や信用度には天と地ほどの違いがあります。同じできないなら、最初から引き受けないほうが信用度は上がるものです。

自分には難しいと判断したら安請け合いしない。そして、引き受けるからには最後まで全力で取り組み、どんなことがあっても約束を守る。とくにビジネスをする上では、些細なちょっとした頼まれごとであっても引き受けるからには相応の覚悟が必要なのです。

誤解のないように申し上げますが、「頼まれごとを引き受けるな」「基本、断りなさい」と言っているわけではありません。

もちろん「力になってあげたい」「頼みを聞いてあげたい」という思いに素直に従って引き受けることも人として大事なこと。自分にできることならば「任せとけ」と胸を叩いて引き受けてあげてください。

ただ、自分の能力以上のことを安易に引き受けることのリスクも意識するべきだと思うのです。ですから引き受けるのなら、ときには、

「自分はここまでなら協力できるけれど、それでも大丈夫かな？」

「希望に添えないかもしれないけれど、できるだけやってみる」

といったエクスキューズも必要になります。言い訳や予防線と思うかもしれませんが、最初に伝えておくことは自分にとっても相手にとっても重要なリスクヘッジだと考えます。

さらに断るときも、ただ「できない」ではなく、

「私では力になれないけれど、こうしてみたら？」

「私には難しいけれど、○○さんなら力を貸してくれるかもしれません」などプラスアルファの提案をするのも相手のことを思いやる気配りのひとつ。そういう人が〝信頼される人〟になれるのです。

できないことを断るより、できないことを安易に引き受けることのほうが無責任なのだと思います。

ここをチェック！

安請け合いして、結果「できませんでした」では、相手だって大迷惑。あなたへの評価も下がります。引き受けるからには責任を持って、やり遂げる覚悟が必要です。仕事がデキる人、周囲から信頼を集めるような人は、自分にできないことは、きっぱりと断ります。

12

第一声が「いや」「でも」「だけど」から始まる人

「いや、それは違う」「でもさぁ」「だけどね」――相手の話を聞くと何でも否定で返してくる人がいます。

以前、『クラブ由美』のお客さまのなかにも、女の子の話に一から十まで「違う」「それはダメ」と否定で答えるような方がいらっしゃいました。

「今人気の○○っていう和食屋さん、すごくおいしかったんです」
「いやいや、あの店、大したことないでしょ、オレは行かなくてもいいや」

「最近、作家の○○さんの小説にハマってるんですよ。読みだすと止まらなくて」
「でも、あの人の書く小説ってどれも似たり寄ったりだから飽きてくるんだよね」

こんな感じで、女の子の話すべてを否定し、批判し、ダメ出しするのです。その子いわく、「お客さまだから仕方ないけど、私自身が否定されているようで悲しい気持ちになった」と。

会話をするとき、いつも否定から入る。そんな人の心の底には「私はあなたよりものを知っている」という優越感、「自分のほうが正しい」という傲慢な思い込みがあるように思えます。相手を否定することでしか自分の立場を確立できない人なのかもしれません。

会議や打ち合わせのようなディスカッションの場ならいざ知らず、普段の雑談やお酒を飲んでいる席での何気ない会話では、「まず否定」は絶対にNG。

自分が好きなものや気に入っていることの話をしているのに、のっけから「ダメ」「違う」「そうは思わない」では会話が弾むわけもありません。

先のお客さまにしてもそうです。たとえ自分はその和食屋の料理がイマイチだと思っていても、たとえ自分がその作家の小説をつまらないと思っていても、頭から女の子の話を否定し、自分の価値観だけを声高に主張するようでは社会人としての品位が疑われます。

人は誰だって「そうだよね」と自分の話に共感されると嬉しくなるもの。そして共感してくれる相手には、親近感や信頼感を覚えていくものです。その真逆の行為が

「いや、でも、だけど、しかし、違う——」といった頭ごなしの否定なのですね。

そもそも相手が、自分とまったく同じ価値観や趣味趣向の持ち主であることなどまずあり得ません。人ぞれぞれ、味覚も違えば、小説の好みも違います。それが個性であり、個性が違うからこそ人間同士の付き合いはおもしろいのです。

何でも否定や反対から入る人とは会話も続きません。いえ、会話をしたいと思わないでしょう。周囲からそう思われてコミュニケーションの機会が減れば、貴重な情報や役立つ話題も入手できなくなる。これではビジネスチャンスも逃してしまいます。何でも否定する人に仕事がデキない人が多いのは、こういうことでもあるのです。

自分の言葉が否定から始まってはいませんか？

誰かを否定することに無頓着になっていませんか？

なかには、悪気はないし否定するつもりもないけれど、無意識に、会話のアタマについ「いや」「でも」「だけど」をつけるのがクセになっている人もいます。このクセは、自分で意識して気をつけ、直す努力をしたほうがいいでしょう。そうしないと、仕事でも人間関係でも必ず躓きます。

相手の話には、否定ではなく「共感」から入る。自分の好き嫌いを押し付けず、相手の価値観を否定せず、興味や関心を持って歩み寄る。その姿勢ひとつで、人間関係もビジネスも大きく変わっていくのだと私は思います。

ここをチェック！

相手の話を聞いて、つい否定しがちな人は要注意。会話は長続きしないし、コミュニケーションの機会も減るでしょう。すると、貴重な情報や役立つ話を聞けるチャンスも失ってしまいます。相手の話にはまず「共感」から入ることです。

13

過去の嫌な記憶にいつまでもこだわる人

私は生まれつき、嫌なことがあってもすぐに忘れてしまう性格です。ネガティブな記憶が霧散するスピードは想像以上に速いらしく、「由美ママは切り替えが早い」「全然、引きずらないですね」「凹んでもすぐ立ち直るよね」――いつもお客さまやお店のスタッフ、女の子たちに羨ましがられています。

でも、過去の記憶にいつまでも縛られて心と体の身動きが取れなくなるなんてつまらないし、楽しくないじゃないですか。

その嫌な出来事が現在進行形で今でも問題になっているのなら、もちろん全力で解決しなければなりません。でも過去完了形で終わってしまったこと、今さらクヨクヨ考えても仕方がない、埒《らち》が明かないことをいつまでも悩んだり悔んだりするのは何とも〝もったいない〟こと。それよりもきれいさっぱり忘れてしまったほうがいい。

たとえ嫌なことが記憶からは消え去らないにしても、「引きずられずに切り替えよう」という気持ちは大事にするべき――これが私の人生の考え方です。

今から何かしたところで過去が変わらないのなら、もっと楽しいことやプラスになることを考えたほうが生活も人生もずっと充実するはずなのですから。

幸いにも人間には「忘れる」という能力があります。これは大げさではなく、神様が私たちに与えてくださった偉大なる力だと思っています。

不思議なもので私たちは、楽しいことや嬉しいこと、記憶に焼き付けておきたい大事なことだけを覚えておきたいと思っても、それ以上に嫌なことのほうを強く覚えているもの。だからこそ「忘れること」が大事になってくるのです。

学校の勉強でもそうですが、しっかり記憶として定着させるには何度も繰り返して覚える「反復」が欠かせません。

これは逆もまた然り。嫌なことに対して、いつまでもくよくよ悩んだり、自分を責めたり、後悔したり、反省したりと何度も何度も「反復」して思い返していると、かえって脳に深く刻み込まれて忘れられなくなってしまうのです。

済んだことをいつまでも気に病むより、「まあ、いいか」ときれいさっぱり忘れる。嫌な記憶に縛られず、凹んだり不愉快になった気持ちをバシッと切り替えて、楽しい記憶や未来への希望を活力に前向きに生きる。

そうした「前向きに忘れる」という能力も人生には必要なのだと思います。

とはいえ「嫌な記憶はそう簡単に忘れられるものではない」こともわかります。

でも、私がここで言う「忘れる」とは記憶を根っこから消去して「最初から何もなかったことにする」という意味ではありません。

過去の記憶は、よきにつけ悪しきにつけ、すべて人生の経験であることに変わりはありません。忘れてしまいたい嫌な記憶であっても、人はそこからでも何かを学び、糧として教訓を得ているものです。

私が考える「忘れる」とは、過去の変えられない記憶も「教訓」「学び」として心に留め置きつつ、でも後悔や自責の念、ネガティブな感情は捨て去ってしまいましょうということ。人生に活かせる部分は活かして、自分を縛ったり足枷《あしかせ》になるような感情は忘れ去ってしまいましょう、ということです。

例えば仕事での大きなミスという経験を、何の反省なく、何の学びも得ずに〝なかったこと〟にしてしまうのとはまったく違うものなのです。記憶から消し去りたい気持ちはわかりますが、同じミスを繰り返さないためにも、その経験を「教訓」にすることは必要です。

ただ、その記憶に伴う、

「こんなミスをするようでは、オレはもうダメだ」

「またミスをするかと思うと、怖くて新しいことにチャレンジできない」

といったネガティブな感情は忘れましょうということなのです。

過去の記憶――とりわけ「嫌な記憶」――にいつまでも縛られていませんか？
その記憶が自分の生き方や仕事に影を落としていませんか？

過去が変えられないのなら、忘れるべきは忘れ、活かすべきは活かして「今」と「未来」を生きる。そうすればきっと嫌な記憶も、いい記憶に書き換えられて〝上書き保存〟できるはずです。

ここをチェック！

過去の嫌な記憶は、学びや教訓をすくい取ったら、あとのネガティブな感情はきれいさっぱり洗い流す努力をしましょう。どうしようもない感情に縛られ続けるのは、現在、そして未来の自分のためになりません。

14

済んだことを蒸し返す人

前項では、自分の嫌な過去に伴うネガティブな感情に縛られ続けるのは「もったいないこと」と申し上げました。過去の記憶との向き合い方が、仕事やプライベートの調子が今ひとつ上がらない原因になっている可能性もあるということです。

でも、自分の記憶にポジティブに向き合うことは、自分自身の意識を変えることで可能になります。

ただ困ってしまうのは、世の中には「他者の過去のミスや後悔を勝手に蒸し返してくる人」がいることです。

「ちゃんと確認しているのか？　また1年前のようにミスされたら困るからな」
「今度は気をつけろよ。あのときだって君の失敗がなければ、今頃は――」
「締め切り守れよ。お前はいつもそうだ。２年前のプレゼンだってギリギリで――」

職場でこんなことを言われたら誰だってカチンとくるでしょう。
「いつの話をしているんですか」と。

「確かに自分は過去にミスをしました。締め切りギリギリになったこともあります。それは認めます。ただ、いまだに過去のミスを蒸し返して『だからダメ』とばかりの物言いをされれば、モチベーションは一気に下がってしまいます」と。

過去の話は過去の話で今のこととはまったく関係ない——このシンプルな理屈が通用しない人がいます。「私、失敗しないので」はテレビドラマだけの話。人間、失敗しない人はいません。大事なのは、その失敗の後どうするかです。

確かに同じ失敗を何度も繰り返す「反省しない人、また反省してもできない人」に対してならば、過去を蒸し返す物言いも致し方ないかとは思います。

でも今現在、過去の失敗を「教訓」に反省や改善できている人、改善する努力をしている人ならば、いちいち過去を蒸し返されると、「これ以上何をどうしろと言うんだ」という気持ちになるのもうなずけます。

実際に失敗したりミスが出たときはお叱りを受けます。でもまだ始まってもいないうちから、「過去は○○だった」と決めつけられ、否定的な評価をするのは納得いかない――それが人として当たり前の反応でしょう。

こうした「いつまでも過去を持ち出してネチネチ責める」「相手より優位に立つために、過去も現在も関係なく相手の過失を執拗に指摘する」様子は、当事者でなく傍から見ているだけでも、決して気分のいいものではありません。

相手の気持ちを考えず、過去を蒸し返す人に人望は望めません。つまりは、いい仕事がデキるとも思えません。

さらに厄介なのは、そうしたタイプに限って「自分の失敗や過失」はきれいさっぱり忘れているという都合のいい性格であるケースが多いこと。

他人のことはこと細かく覚えているのに、自分の過去のミスを指摘されようものなら烈火の如く怒りだす。他人に細かく、自分に大雑把。他人に厳しく、自分に甘々。困ったものです。

また、過去を蒸し返すという行為はビジネスの現場だけでなくプライベートなシーンでも見られます。なかでもよく聞くのが夫婦ゲンカでのやりとり。

以前、あるお客さまが苦笑しつつ、こんなことをおっしゃっていました。

「ケンカになるとカミさんが昔のことを持ち出すんだよ。『あなたは昔からそうなのよ』『あのときだって○○って言ったわよね』『結婚指輪だってケチって――』『仕事だからって新婚旅行にも連れていってくれず――』って。で、こっちも売り言葉に買い言葉で、『君だってあのときはこうだっただろ』『昔からそういう言い方をするんだよ、君は』ってなっちゃうんだ。大人げないよねぇ（笑）。毎回、お互いに反省するんだよ、昔のことは関係ないんだからって」

そのお話を伺って、私はこうお答えしました。

「お客さまも奥さまも、お互いに気づかれて反省なさるのですから素晴らしいじゃないですか。だから夫婦円満なのですね」と。


誰に対しても、いつまでも過去の失敗や言動を蒸し返していませんか？

昔のことだけで、その人の「今」を評価していませんか？

仕事でもプライベートでも、過去を持ち出して「以前はこうだった」と今現在の優劣をつけようとするのは大人げないこと。

昔のことは昔のこと。そして今は今。そう潔くありたいものですね。

ここをチェック!

過去は過去、今は今。他者のネガティブな過去の出来事を、相手の気持ちも考えずに蒸し返してしまっては人間関係も壊れます。立場を入れ替えて考えればわかるはずです。

15

人の名前を忘れる人

「お世話になります、○○さん、じゃなくて△△さん、じゃなかった、◇◇さん」

「よろしくお願いします、○○さん」「……△△です」

「はじめまして。◇と申します。お名刺交換を」「嫌だな、2回目ですよ」

「自分にも経験あるかも――」と思い当たる節がある人は要注意。人の名前を忘れないこと、名前を覚えていることはビジネスの鉄則であり、コミュニケーションの基本だからです。

こんなやりとりばかりしていると、相手から「この人、私に関心がないのかな」「私のことを軽視しているのかな」「私のことは〝おざなり〟なんだな」と思われてしまいます。

ご来店されたお客さまの名前を忘れない――これは私たちのような接客業に携わる者にとっても基本中の基本。

若い頃は「3000人のお客さまのお顔とお名前」と「1500件の電話番号」を

すべて暗記していました。そのおかげで「記憶の達人」として何度かテレビにも出演させていただいたことがあります。

さすがに最近は覚えられる人数や件数は少なくなってきましたが、それでも、常にお客さまのお名前やお顔を覚える努力を怠らないように心がけています。

当時は「すごいね、由美ママだけが持っている特殊能力だよ」などと言われたものですが、私はそれが特別な能力だとは今でも思っていません。大事なのは意識なのだろうと思うのです。相手（私の場合はお客さま）に関心を持つこと。この方はどんな人なのかしら、どんなことに興味を持っているのかしら、どういう話をされるのかしらと考えること。その意識があれば名前を覚えることは決して難しくないことです。

知り合いの脳神経外科のお医者さまいわく、「人は関心のあること、興味のあることはしっかり覚えられる」のだとか。

漢字や方程式がなかなか覚えられない子どもたちでも、大好きなアニメキャラクターの名前や特徴は、膨大な数でも完璧に覚えているもの。大人だって同じです。

相手のことを認め、関心を持って覚えようと意識すれば、ちゃんと頭にインプットされます。必要なのは覚える能力ではなく、覚えようという姿勢と努力なのです。

人は誰でも「名前」で呼ばれると嬉しいものです。なぜなら、名前は、その人にとって何よりも特別な言葉であり、「自分が自分であるための証し、自分自身の存在証明」だからです。

「名前を覚えて、名前で呼ぶ」という行為は、それだけでも相手に「あなたのことを気にかけています、あなたのことを尊重しています」という気持ちを伝えることなのです。

私だって、お店で「ママ」とだけ呼ばれるよりも「由美ママ」と名前をつけて呼んでいただけると、より嬉しい気持ちになれます。

あいさつにしても、ただ「おはよう」ではなく「伊藤さん、おはよう」「由美さん、おはよう」と名前を呼んでもらえたら、相手により親近感を感じるものです。

『クラブ由美』でも、一度テーブルについた女の子の名前をすぐに覚えて、次にいらした際には「やあ、○○ちゃん。元気だった？」とさらりと名前を呼んでくださるお客さまがいらっしゃいます。そういう方はやはり、女の子たちにも人気があります。

名前を呼ぶことは、イコール、その人の人格を認めること。相手の存在を認めて、正面から向き合うことです。

名前を蔑《ないがし》ろにするのは、その人自身を蔑ろにしているのと同じこと。相手を軽視し、蔑ろにするような人が仕事で成功を収められるはずもありません。円満な人間関係が築けるはずもありません。

出会った人の名前を忘れない人、相手の名前を覚えようと努力する人は、総じて仕事がデキる人です。そして、そういう人は同時に「誰からも名前を覚えられ、名前で呼んでもらえる人」でもあるのです。

なぜなら、「覚えられている嬉しさ」「認められている喜び」を心得ている素敵な人の名前は、誰だって忘れませんから。

あなたは人を名前で呼んでいますか？
あなたは人に名前で呼ばれていますか？

人の名前を覚えない人、すぐ忘れる人、覚えようとしない人は、自分自身もまた「名前を覚えてもらえない人」になってしまいますよ。

ここをチェック！

人は興味や関心のあるものは忘れないもの。相手に興味や関心を持つように心がければ、自然と相手の名前も覚えられるはず。仕事でもプライベートでも、人間関係の大切な第一歩は、相手の名前を記憶して、名前で話しかけることなのです。

16

しかめっ面で口角が下がっている人

「笑う門には福来る」と言うように、笑顔には人生をハッピーに、仕事を成功に、人間関係を良好にする大きなエネルギーがあります。

「そわかの法則」という言葉をご存じですか。

作家の小林正観《こばやしせいかん》さんがご自身の著書のなかで提唱されている人生が幸せになる法則のこと。「そわか」とは「神様から応援されて運気が上がる3つの行い」のことで、掃除の「そ」、笑いの「わ」、感謝の「か」と、それぞれの頭文字を取って「そわか」になるのだそうです。

・身の回りを片付けてきちんと掃除すること。
・笑顔を絶やさないこと。
・感謝の気持ちを忘れないこと。

この3つの行いを日々の生活に積極的に取り入れていけば運気が上がり、仕事や健康、人間関係など、あらゆる面でプラスの効果が期待できるのだとか。

元来、「そわか」とは般若心経で最後に唱えられる言葉だそうです。つまり、仏教の教えにおいても、「笑顔、笑うこと」は仕事や人生を好転させるキーポイントのひとつになっているのです。

笑顔は相手に対する親近感や信頼感を表すサイン。周囲との良好な人間関係を構築し仕事を成功に導く手段として、笑顔が非常に効果的なのは言うまでもありません。また、笑うことで免疫力が上がる、脳への血流が改善して血管性脳疾患の予防になる、がん治療にも「笑い」が有効視されているといった健康面への好影響を示唆する研究報告もあります。

笑いは心のハードルを下げ、警戒心を取り払う最強のコミュニケーションツールであり、心も体も元気にしてくれる、健康への最強のアプローチでもあるのです。

また、おもしろいもので人の表情は周囲に伝播します。

ニコニコ笑っている赤ちゃんや子どもの顔を見ていたら、こちらも自然と顔がほころんで笑顔になっていた――こんな経験はありませんか。

自分が笑顔でいれば、周りの人も笑顔になる。相手が笑顔で接してくれれば、こちらも自然と笑顔になる。笑顔の素敵な人の周囲に笑いが絶えないのも、こうした理由からなのだと思います。

そしてそれは逆の場合も同じこと。終始しかめっ面で眉間にシワを寄せてばかりいる人といると、こちらの気分も場の空気もどんより重たく、もしくはピリピリと張り詰めたものになり、気づけば自分も同じようにしかめっ面になっているもの。

つまり、笑顔は笑顔を、しかめっ面はしかめっ面を呼ぶということなのですね。

『クラブ由美』でもたまに、ニコリともせず、苦虫を嚙み潰したような表情で黙々と飲んでいるお客さまがいらっしゃいます。女の子が話しかけても「ああ」とか「そう」ばかり。せっかく楽しいお酒を飲もうとしているお連れの方々のテンションも下がってしまいます。

黙っているのが悪いということではありません（とくに昨年来のコロナ禍のもとでは、むしろ「黙食・黙飲」が推奨されていますし）。静かに飲まれるのも大人のお酒のたしなみ方なのですが、ただ、どうしても「そんなに難しい、怖い顔をして飲まなくてもいいのに」と思ってしまいます。

逆に、多くを語らないけれどあたたかい笑みを絶やさず、お連れさまや女の子たちの話に耳を傾けている方もいらっしゃいます。そうした笑顔に見守られると、居合わせた人はみな心を癒され、やさしさに包まれている安心感を覚えます。周囲にこうした心地よさを広めてくれるのもまた、笑顔の力なのです。

自分が笑顔になって自分が笑う。誰かの笑顔や笑い声に触れる。どちらも元気と勇気と心地よい気分を与えてくれるもの。笑顔や笑いは、自分も相手も、そして周囲の人たちも、みんなを幸せにしてくれるのです。

気持ちが沈んでいるとき、無理にでも笑顔をつくってみると、不思議と元気が湧いてくるような経験をお持ちの方もいらっしゃるのではないでしょうか。

意図的に笑顔をつくると、顔の筋肉（表情筋）の動きが脳に伝わり、その動き（笑顔）に脳が反応して楽しい気持ちになってくるといいます。たとえ作り笑いでも、顔が笑えば心も楽しくなる。顔の表情が感情をつくるというわけです。

17

人と公平に付き合えない人

私がお店でお客さまに接するとき、女の子やスタッフのマネジメントをするとき、常に気をつけているのは「偏らず、公平に」ということ。

「公平であること」は人対人での仕事をする上でとても大切な基本姿勢だと考えているからです。

会社やチームなどの組織を率いるリーダーや管理職の立場にある人ならば、なおさら肝に銘じておくべきだと思っています。

某有名企業の社長をされているお客さまがいらっしゃるのですが、その方も「極力、特定の役員や社員と食事や飲みに行かないようにしている」とおっしゃっていました。それをしてしまうと他の社員たちに不公平感が生まれる恐れがあるからだと。

あるとき、そのお客さまの会社の社員の方に個人的にとてもお世話になり、「お礼を兼ねて社員の方とお食事をするのですが、社長もいかがですか」とお誘いして、ご一緒したことがあります。

その席でお客さまがおっしゃるには、「うちの社員と食事するのは、今回が初めてだよ。これまでは一度もなかったから」と。そこまで徹底されていたことを知って驚いたのと同時に、「トップリーダーとはかくあるべき」と感銘を受けたものです。

社会人に不可欠なのは、「自分の行動が人から見られている」という意識です。とくに部下やメンバーを持つ立場になったら、そのコミュニケーションには細心の注意を払う必要があるのです。

そのお客さまの徹底した姿勢には、何人もの女の子や男性スタッフを抱えている私自身も学ばされました。

お店のオーナーでママということは、会社組織で言えばチームリーダーと同じ。リーダーであるからには、ときに部下やスタッフに厳しいことも嫌なことも言わなければなりません。ところが普段、決まった子とばかり食事に行ったりしていると、そうしたときに周囲から「ママは○○ちゃんと仲良しだから」といった不公平感を持たれかねません。たとえ、こちらにまったくその意識がなかったとしても、女の子たちにそう思わせてしまうようではクラブのママは務まらないのです。

〝飲みニュケーション〟に対する考え方は人によって違います。なかにはむしろ積極的に部下と飲む機会をつくって交流するという考えの人もいるでしょう。

もちろん、それも正しい考え方だと思います。

ただ、そのときでもやはり「偏らないこと」「不公平と思われないこと」には気をつけるべきでしょう。一般社員の人がしょっちゅう同僚や先輩後輩と飲みに行くのと、リーダーが同じ部下とばかり飲みに行くのとでは周囲に与える影響はまるで違います。

「あの人ばかり誘われている」

「あの人は銀座の高級店で、自分はガード下の焼き鳥屋。この差は何？」

こういうやっかみや不公平感が、思いもよらぬ勘違いや臆測につながることは珍しくないのです。

もちろん、「公平であること」は飲みニュケーションに限った話ではありません。仕事上の人間関係においては基本的に同じこと。

プロ野球界のレジェンド「ノムさん」こと故・野村克也さんが監督時代、選手に仲人を頼まれても一度も引き受けなかったのは有名な話。

「もし『あの選手の仲人はしたのに、自分の仲人はしてくれない』となったら選手が傷つく。だから最初から仲人はすべて断っている」――これは公平さを失わないためのノムさん流のコミュニケーション術だったわけです。


「この人にはこうする。でも他の人にはしない」

「この人が先。他の人は後でいい」

――人付き合いにおいて公平さを欠くとは、「人に優先順位をつける」ということ。順位をつける側はとくに気にしなくても、順位をつけられる側は違います。そのことで誰かが嫌な気分になり、誰かが不満を募らせ、ときには誰かが傷ついていることも。そんな不公平感が支配する組織にいい仕事ができるとは思えません。


いつも同じ部下やメンバーだけを飲みに誘っていませんか?

誰かを特別扱いして、コミュニケーションに優先順位をつけていませんか?

もちろん、人間ですから気が合う合わない、ノリが合う合わないはあるでしょう。
ただ、ビジネスの現場ではそういうことは封印。リーダーや管理職にとって組織内のコミュニケーションは常に公平性を重視するべきだと思います。

ここをチェック！

リーダーは部下や仲間と公平に接する姿勢が必要です。ともに働くチームのメンバー間に、不公平感が生まれると、仕事の成果に悪影響を及ぼします。

18

道具やモノを大事にしない人

「僕はバットを投げることも、地面に叩きつけることもしません。プロとして道具を大事に扱うのは当然のことです」——。アメリカのメジャーリーグで活躍したイチロー選手の言葉です。彼は「野球がうまくなるには道具を大事にすること」とも言っています。

イチロー選手が「道具を大切に、ていねいに扱う」のは有名な話。彼は打席で絶対にバットを投げませんでした。ホームランを打ったときでも、空高くカッコよくバットを投げる選手が多いなか、彼はそっとバットを置いて走り出しました。

もちろん三振や凡打に倒れても、エラーをしても、怒りや悔しさに任せてバットやグローブを投げつけるようなことは一切しませんでした。

一流の人の振る舞いとは、こうしたことを言うのだと、私は思います。

仕事がデキる人は道具を大切にします。いい仕事をするためには、常に安心して快適に使える道具が必要なことを知っているからです。

仕事がデキる人は、仕事で使う道具はもちろん、日常生活のなかで使用するすべての〝モノ〟を大事に扱います。適当に選ばずに厳選して気に入ったものを購入し、きちんと手入れをしながら長く、大切に使おうとするでしょう。

包丁の手入れを怠る人はプロの料理人ではありません。カンナやのこぎりを乱暴に使う人はプロの大工ではありません。楽器をていねいに扱えない人はプロの音楽家ではないんですね。

私の仕事道具のひとつが着物です。私にとっての着物は、銀座の華やかさを演出するための衣装であると同時に、心を引き締めてお客さまをおもてなしするための〝戦闘服〟でもあるのです。

ですからその手入れは欠かせません。季節毎の衣替《ころもが》えどきに、クリーニングに出すのはもちろん、常に湿気や汚れ、ほころびなどに気をつけてメンテナンスし、いつでも万全の状態で着られるように心がけています。また、草履も毎日きれいに拭き手入れし、着物柄や色に合わせて選んでいます。

ビジネスマンの仕事道具にもいろいろありますが、私が注意して見ているのは「靴」

です。これまで銀座で多くの企業経営者や地位のあるお客さまとお会いしてきましたが、仕事がデキる方やビジネスで成功されている方は、総じて靴を大事にされています。

みなさんやはり高価な靴を履かれていますが、そのお値段以上に、こだわりを持たれているのですね。履いた靴は毎回自分で磨く、休日にはまとめて靴の手入れをする、傷んでしまったらリペアに出してちゃんと直す――そうした「大切に使おう」という意識を持っている方も多いのです。

いつも手入れが行き届いている靴からは、「モノを大事にする人」「見えないところにまでしっかりと気を配れる人」という印象が伝わってきます。逆に手入れをしていない汚れた靴は「道具に気を使わない人」「汚れても放っておく人」というネガティブな印象につながってしまうことも。こういうことは一事が万事なのです。

必要以上に高価な靴である必要はありません。それよりも、自分が履きやすく仕事しやすい〝お気に入り〟を探そうとする気持ち。そして、お気に入りを見つけたら、手間暇をかけて手入れして、末永く履こうとする気持ちが大事なのです。

よく、雨が降るたびにビニール傘を買って、使ったら使いっ放しという人がいます。急な雨の場合は仕方ありませんが、最初から「傘はビニールを使い捨てにすればいい」というのはいかがなものでしょうか。

確かに今はさまざまなモノが安価で手に入る時代です。一度使ったらそれっきりの使い捨てグッズがあふれ、「汚れたら洗うより」「壊れたら修理するより」「なくしたら探すより」新しく買い直せばいい――こうしたライフスタイルが当たり前のようになってきました。

それが悪いわけではありません。使い捨てのほうが便利で、効率的というケースもあるでしょう。私もときには使い捨てで済ませることもあります。でも、捨てられた商品はゴミとなって、環境への負荷になります。強風そして豪雨の後、道端に投げ捨てられたビニール傘を目にするたびに、悲しい気持ちになるのは私だけではないと思います。

何でもかんでも「すぐ買い替え」という発想は考えものです。モノや道具を大事にすることは、持続可能な社会をつくっていくためにも必要とされていることだと思うのです。状況に合わせて賢く使い分けることも必要でしょうが、自分の持つモノにこだわりを持つこと、愛着を持つことを決して忘れてはいけないと思うのです。

おもしろいもので、自分の道具や自分の持ち物の扱い方やこだわりは、人との向き合い方にも表れてくるもの。

モノを大切にできる人は、人も大切にできる人。人への関わり方もていねいで、気遣いや気配りができる人です。さらに、環境問題に配慮ができる人でもあります。

逆にモノを大切にできない人は、人も大切にできません。モノに対して最初から「壊れても替えが利く」と考えて雑に扱う人は、人への接し方も対応もどこかしら雑になってしまいがちです。道具やモノを大事にしているか、モノをどう扱うか、その態度や姿勢は常に周囲から見られていると心得ましょう。

仕事道具や持ち物を大事に使っていますか?

何かあったら「また買えばいい」と雑に扱っていませんか?

愛着を持ってモノを大事に使い続ける、そんな「物持ちのよさ」もまた、その人の人柄や評価につながっていくのですね。

ここをチェック！

モノに愛着を持ち、大切に使い続けることができる人は、人を大切にし、他人との関わり方もていねいです。

19

四六時中スマホやネットを見ている人

現代社会はどこもかしこも、何もかもがオンライン化され、インターネット環境がなければ仕事にならない、ほとんど仕事ができない。そんな時代になりました。確かにインターネットは素晴らしいもの。社会に与えた恩恵の大きさは計り知れません。ただ、インターネットの発展・普及は恩恵と同時に、困った事態や危険な弊害をもたらしていることも事実だと思っています。

例えばよく言われる「ネット依存」。インターネットやスマホを使わずには1日、半日、いえ1時間たりとも過ごせない。スマホを持っていないだけで（使っていなくても）不安に襲われる。こうした状態の人が急増しているといいます。

SNSにしてもそう。少しでもチェックできないと「誰かが新しい情報を更新しているんじゃないか」「私だけ取り残されているんじゃないか」と焦ってくる。自分が投稿したメッセージへの「いいね」が気になって数分おきにチェックせずにいられない。「いいね」が少ないと「何がおもしろくなかったのか」「もっとウケるものを」「いいねがつくものを」という、ある種の強迫観念にとらわれてしまう――。

私も毎日ブログを更新していますが、それは私にとって、あくまでも「情報発信のための手段のひとつ」です。日々の食事や交流の様子をアップしていますが、それでも「ブログの投稿を最優先にしたり、ブログのために仕事や生活を犠牲にすることはしない」という気持ち、「ブログに縛られるのは本末転倒」という意識は常に持っていようと思います。

「月に2回は、休日に丸一日、スマホやパソコンでインターネットにもアクセスしない日をつくるようにしているよ。休肝日ならぬ『休脳日』だね」――あるお客さまからお聞きした話です。SNSはやっているけれど、その日はチェックしないし、写真は撮ってもSNSに投稿するのは休み明け――なのだとか。

私もそのお客さまのおっしゃることには大いに共感します。丸一日は無理でも、たとえ半日でもインターネットから自分自身を解き放つ時間をつくることは、今の時代だからこそ、すごく大事だと思うのです。

また別のお客さまは、「睡眠不足に悩んでいたけれど、寝室の枕元にスマホを置かないようにしたらぐっすり眠れるようになった」とおっしゃっていました。それまでは毎日、朝起きてすぐと夜就寝前には必ずスマホを見てSNSをチェックしたりニュースや動画を閲覧したりしていたそうです。とくに明確な目的がなくても習慣でベッドのなかでスマホを手にしていたのだとか。

よくスマホ画面から発せられるブルーライトは眠りを妨げると言われます。「惰性で何となく」のインターネットアクセスで、大事な睡眠時間を無駄に使い、その上短くなった睡眠の質まで低下してしまう。結果、寝不足が積み重なっていつも頭がボーッとしている――。これでいい仕事ができるとは到底思えません。

先ほどの「休肝日と休脳日」ではありませんが、インターネットやスマホはお酒に似ているところがあるように思います。お酒は上手に飲めば百薬の長ですが、飲み方を間違えると心身に悪影響を及ぼしてしまう。インターネットもその特性を知って正しく上手に使えばこれほど便利で役立つ万能なツールはありません。でもその便利さに依存し、振り回されるような使い方をしていると自分を見失う深い落とし穴になってしまうでしょう。

「酒は飲んでも飲まれるな」という標語があります。同様に、私たち現代人はインターネットに対して「使いこなしても振り回されるな」という意識で向き合う必要があるのではないでしょうか。

インターネット依存、スマホ依存になっていませんか？

四六時中、スマホやＳＮＳに気を取られていませんか？

インターネットやスマホに気を取られるあまり、目の前で起きているリアルな出来事に目を向けていない人が増えているように思えます。お互いにスマホを見ながら歩いている人同士がぶつかってケンカになる。ＳＮＳ用の写真を撮ることに夢中で、出来たての料理を味わうことを忘れている。家族や友人と会話をしているのにスマホから顔を上げない――。

度が過ぎれば、目の前で交通事故が起きてケガ人が出ていても、手を差し伸べるより先にＳＮＳの写真を撮ろうとするような事態さえ起こり得るでしょう。

自分なりのルールを決めて、インターネットやスマホから自分を解放する時間を持つ。インターネット社会との適度な距離感を保つ。それが目の前のリアルな現実を見つめる〝目〟を取り戻すことにもなるのではないか、そう思うのです。

ここをチェック！

スマホやネットはあくまでもツール。「使いこなしても振り回されない」意識を持ちましょう。ときには、お酒を飲まない「休肝日」ならぬ、スマホやネットを見ない「休脳日」が必要かもしれません。

20

ジェンダー意識が薄い人

世の中、ジェンダーレス時代。ビジネスの現場で異性とのコミュニケーションに悩み、困惑するビジネスマンは多いと思います。とりわけ働く男性にとって、女性社員や女性スタッフとのコミュニケーションは、仕事をする際の大きな課題なのではないでしょうか。

なかでも注意し、意識しなければいけないのが、性別に関係するハラスメント（ジェンダー・ハラスメント）の存在です。ジェンダー・ハラスメントとは「男はこうあるべき、女はこうあるべき」といった発想のもと、性別で人の資質を判断したり、性差によって行動を制限したりする発言や態度のことを指します。

「やっぱり女性はスカートがいいよね」「おはよう、○○ちゃん」「女性が担当じゃ不安だから替えてもらえ」「コピーは女の子にやらせとけばいい」――これらはすべてアウト。容姿や体型、年齢、結婚、服装などに関する発言、「女性らしさ」を求める発言、「女だから」「女性には無理」といった決めつけ、すべてジェンダー・ハラスメントです。

当然、男性社員への言動にも同じことが言えます。

「男なら家庭より仕事優先だろ」「男のクセに細かいことを言うな」「男がこの程度の力仕事ができなくてどうする」――これも全部アウトです。

さらに近年では、LGBT（レズビアン、ゲイ、バイセクシャル、トランスジェンダー）に対するジェンダー・ハラスメントも問題視されています。LGBTの当事者に対して差別するような言動も重大なハラスメントと見なされます。

「おまえ、何だかオネエっぽいな」「ウチの部署はおかまバーだな」「お前、ゲイなんだって？　オレは勘弁だぞ」――もちろん全部アウトです。


困ってしまうのは「そんなつもりじゃなかった」「差別と思っていなかった」という、「言動に悪意がない」ケースです。セクハラでもよく問題になることですが、自分にそのつもりがなくても相手が「差別」「嫌がらせ」と感じたら、それはもうハラスメントです。

差別意識がないことと、差別的な言動をしないことはイコールではありません。そのつもりでなくても、差別になる言葉を使っていることは十分にあり得るのです。

いまだに「男だから、女だから」でものごとを見ていませんか？

人にはそれぞれ自分なりの価値観があります。自分の価値観と照らし合わせてものごとを見るとき、誰にでも多かれ少なかれ偏見は生まれてくるもの。そのこと自体は致し方ないことだと思います。

ただ、大事なのは「自分にも無意識の偏見がある」「ものごとを思い込みで見ている可能性がある」と自覚すること。そして自分の価値観を口にするときは、まず一歩立ち止まって相手の気持ちを想像し、「これは自分の偏見ではないのか」と自問することです。

こうした差別はやはり個々の意識に根差す問題です。NGワードを使いさえしなければいい、対策マニュアルに書かれた行動さえしなければいいなど、言動だけを変えれば解決することではありません。

何よりもまずは相手を尊重し、相手の気持ちに敏感になり、自分の思い込みに気づく。何気ない言動でも相手を傷つける可能性があることを認識する。もし万が一、相手を傷つけてしまったら、立場を超えて素直に「ごめんなさい」と気持ちを思いやれていなかったことを謝る。そうした内なる意識を変えていくことが、よりよい関係性を築く基本になるのだと思います。

ジェンダー問題に関しては、もうひとつ気になっていることがあります。それはレディファーストについての世の中の傾向です。

・ドアは男性が開けて、女性を先に入れる。
・道路では男性が車道側を歩く。
・レストランでは、男性は女性が着席したことを確認してから座る。
・エレベーターでは男性が扉を押さえて女性を先に乗せる（降ろす）――。

欧米では一般的なマナーとして根付いている「レディファースト」。その起源にはいろいろな説があるようで、真偽は定かではありませんが、暗殺が横行していた中世ヨーロッパでは男性が暗殺から自分の身を守るために、ドアを開けて先に女性を行かせたり、前を歩かせたりした（つまり女性を〝盾〟にしていた）――といった衝撃的な説もあるそうです。

それはさておき。

近年、ジェンダーレス（社会的、文化的な男女性差や不平等をなくそうという考え方）の観点から、レディファーストという意識や行動が疑問視されたり、否定的に見られたりする傾向があるようです。

・男女平等なのだから「女性優先」という考え方はおかしい。

・レディファーストの根底には「女性は男性に守られるべき存在」「女性は男性よりも弱い存在」という発想がある。それはおかしい。

――ということなのでしょう。ジェンダー問題に関しては人それぞれの意見や考え方、主張があって当然だと私も考えます。

そしてこれも、あくまでも私個人の考えなのですが、レディファーストとは女性が弱いから配慮するとか、男女平等だから必要ないとか、ジェンダーレスに反するといった次元のものではないと思うんです。

レディファーストとは、人として持つべき「自分以外の人を思いやる心」「一緒にいる人を気遣う心」のなかの〝ひとつの分野〟にすぎないのではないでしょうか。

つまり、お年寄りや体の不自由な方、妊婦さんなど、他者に対する思いやりの心を、男性が自分にとっての〝異性〟である女性に向けたとき、それが「レディファースト」になるということ。

ですから同じように、女性が男性を思いやる気持ちは「ジェントルマンファースト」になります。ただそれに名称がついていないだけ、そして行動の種類が違うだけ。それだけのこと。どちらも男として、女としてではなく〝人として〟の行動であるべきだと思うのです。

対等だ平等だと考える前に、素直に相手を思いやり、気遣えればそれでよし。レディでもジェントルマンでもなく、「相手ファースト」で行動すればよいのです。

ジェンダーレス時代になってもレディファーストの根っこにあるやさしさまでを封印する必要はありません。老若男女問わず、すべての人を思いやる。相手が女性であろうと尻込みする必要も、拒絶する必要もないのです。

ここをチェック！

ジェンダーについてのハラスメントには要注意です。誰しも心の内に無意識に偏見や思い込みがあるもの。その現実を認めた上で、性別にかかわらず目の前の相手を尊重し、気遣いましょう。

21

世代間のギャップを楽しめない人

会社や取引先などビジネスの現場には、さまざまな世代の人たちが集まります。組織優先の意識や縦社会気質が強く、一方でジェンダー意識が薄く（性差への意識が強く）、「男性はこう、女性はこうあるべき」という発想を捨てきれない――。そんな年配世代にとっては、価値観や考え方、仕事への意識が相いれない今の若い世代のことがわからず、話も通じず、結局出てくる言葉は、

「今の若い連中のことはさっぱりわからない」

「オレが若い頃は○○だったのに――」

一方、20～30代の若い世代もオジサン世代の考え方にギャップを感じて、

「昔の人は頭が固くて考え方が古い」

「今はそういう時代じゃない」

――いつの時代もビジネスには、世代の違いによる仕事上の常識の違いやコミュニケーションスタイルの違いなどの「ジェネレーションギャップ」がつきものでしょう。

日々刻々と変化している現代社会ではギャップを感じる年代も下がっているようで、30代くらいの人でも「今の若いやつらは」などと話しているのです。私に言わせれば

「あなた方だって、まだまだ〝今の若い人〟でしょ」なのですが。

余談ですが「今の若い人は――」という嘆き節にはすごく古い歴史があるようです。約5000年前のエジプト遺跡や紀元前2000年頃のローマ遺跡などから、「最近の若いやつはちゃんとしていない」という意味合いの書簡や壁面文字が見つかったという話を聞いたことがあります。真偽のほどは定かではないのですが、世代間での価値観のギャップは太古の昔から変わらないのですね。

でも「昔からそうだから仕方ない」では、仕事はスムーズに進みません。世代が違う人たちとコミュニケーションが図れません。

「オレたちが若い頃は――だった。でも今の若い連中は――」

職場の飲み会の席で、若い新人相手に年配上司が口角泡を飛ばして話している光景が目に浮かんできます。そのためか最近のコロナ禍でテレワークが増え、上司と飲みに行く機会がなくなってホッとしている若手ビジネスマンも多いと聞きます。

確かに、嘆いているご本人はそうやって仕事に打ち込んで、今まで頑張ってきたのでしょう。そのこと自体を否定するつもりはまったくありません。

ただ、それはあくまで〝その人の〟考え方であり〝その人の〟価値観であり〝その時代の〟やり方なのですね。

人はそれぞれ生きてきた時代や環境、社会背景が違います。違うからこそ個性や個々の価値観が生まれてくる。その時代や環境のなかの常識のもとで価値観が育まれてくるんです。そう考えれば、自分の価値観をそのまま、無理やり他人に当てはめて押し付けることなど無理な話。サイズが違う服を無理やり着せようとしても着られないし、何とか着られたとしても似合わないでしょう。それと同じようなものなのです。

もちろん、若い世代にもそのまま言えること。年配者や上の世代の人たちの価値観を、頭から「古い」「時代に合わない」と決めつけてしまうのもまた、他者の価値観の拒絶であり、自分たちの価値観の押し付けに他なりません。

「自分の世代の価値観が正しくて、相手の世代のそれは間違っている」という〝価値観〟こそが間違っている――そうは思いませんか。

世代が違っても、生きてきた時代や培われた価値観は違っても、人から教えられ、学ばされ、気づかされることはたくさんあります。

人はみな、それぞれまったく違う時代、違う環境、違う人生を生きています。どの世代とも、誰とでも心を通じ合わせて仕事がデキる人は、「価値観が違うのは当たり前」と考えて受け入れています。むしろ、その価値観の違いやジェネレーションギャップそのものを「相手を理解するためのヒントや糸口」にしているものです。

仕事の話ではありませんが、年配のあるお客さまに「奥さまが20歳近く年下」という方がいらっしゃいます。ご夫婦仲もとてもよろしくて、よく奥さまのお話もされるのですが、あるとき、こうお聞きしたことがあります。

「2世代近く離れていると話題が合わないことも多くないですか」と。すると、

「そりゃそうさ。話が合わないのは当たり前。でも彼女と話しているとおもしろいんだよ。『時代が違うとものの見方や考え方はこうも違うのか』って驚きや発見ばかり。それは彼女のほうも同じらしいけどね。『そういう考え方、実家の父と同じ』なんて

よく言われるし（笑）」

そのお客さまいわく、無理して話を合わせる必要はなくて、大事なのは「否定しない、拒絶しない」こと、そして「おもしろがること」なのだそうです。

仕事の現場でも同じですね。違う世代の違う価値観や考え方、違う知識や情報を「興味を持っておもしろがれる好奇心」を持つことが大事なのだと私も思います。そうやってお互いが刺激を受け合うのがジェネレーションギャップの〝正しい取り扱い方〟なのではないでしょうか。

世代が違う相手の価値観を頭から否定していませんか？
世代間ギャップを受け入れられずに拒絶していませんか？

違う価値観を頭から否定せず、自分の価値観だけを押し付けず、多様な価値観への好奇心を持つ。価値観をバリアフリーにできれば、誰とでも世代を超えたいい関係性を築けるはずです。

ここをチェック！

世代間で価値観や常識についてギャップがあるのは当たり前のこと。世代が違う、部下や上司の価値観を否定せず、その違いを楽しめる、おもしろがれるようになれば、人間関係も仕事もうまくいきます。

22

いつでも何でも「自分が正しい」と思い込んでいる人

価値観を押し付けてくるタイプでも多いのが「絶対に〜したほうがいいよ」「〜しなきゃダメに決まってるじゃない」「○○は○○しかあり得ないでしょ」と自分の考えばかりを正当化し、ちょっとでも反論すると「本当にそれでいいと思ってるの?」「それ、おかしいと思わない?」と全否定してくる人。言ってみれば、「何でも自分が正しい」と思い込んでいる人です。

とくに昨年来の新型コロナウイルス感染拡大で、このタイプが一気に増えたように思えるんですね。

コロナ禍におけるコロナウイルスや行動に対する価値観のことを「コロナ観」と呼ぶそうです。当然、このコロナ観も人それぞれなのですが、なかには自分のコロナ観を他者に押し付けてくる人がいるのです。なかでもわかりやすいのが「自粛警察」とか「マスク警察」という行動でしょう。

「夜8時には飲食店が閉まってしまうから夕食に困る」という話題が出ると、すぐに「家で食べろ!」「外食なんてもってのほか」「感染したいのか」となる。

飲食店が夜8時ちょうどに店を閉めていないと「あの店は自粛してない」「SNSで広めてやる」となる。

スーパーのレジ待ちで並んでいてちょっと前に詰めただけで、「密だろ、もっと離れろよ！」「非常識！」となる。

ウレタンマスクをしている人には「不織布マスクじゃなきゃダメだろ」「何考えてるんだ」「人にうつすつもりか」となる。

その人のコロナ観は、その人が得た情報によって形成されたものにすぎません。その価値観がすべて正しいと思い込むと、自分とは違う行動を許せなくなる。そこから「○○警察」といった行動が生まれてくるのでしょう。

でも、その人が「自分は絶対に正しい」と思っていても、「私だってちゃんと対策している」「私はそうは思わない」という相手にすれば、それはただの押し付けと感じるもの。たとえ「善意の指摘のつもり」だったとしても行き過ぎれば余計なお世話で、余計なお世話が度を超えると、今度は相手の「否定」になってしまうのです。

このご時勢です。誰だって街中でマスクをしていない人を見れば、「あれ、あの人マスクしてないな」と思うでしょう。「何でしてないんだろう」「マスクなしで出歩くんじゃないよ」といった感情が湧き上がってきても不思議ではありません。

でも、だからといってその人につかつかと歩み寄り、指をさして声高に「マスクしろよ！　非常識だろ！」と責め立てるのは違うと思うのです。それは、自分の価値観、それも〝独りよがり〟の価値観を押し付けているだけのことでしょう。

その人にだってやむを得ない事情があったのかもしれません。マスクを切らしてしまった、直前に紐が切れて使えなくなってしまった。だから急いで買いに行こうとしていたのかもしれません。そういう事情や背景を想像もせず、自分が見えている範囲のことだけを自分の価値観というものさしだけで判断して追及する。

そうした過剰な反応の積み重ねが人間関係に摩擦やストレスを生み、世の中全体をギクシャクと、殺伐とさせていくのではないでしょうか。
今回のコロナ禍によって、普段ならばものごとを冷静に判断し対応できる人も、その冷静さを見失ってしまうケースが少なくありません。「こういう事態のなか、人はどう変わるのか」――私にとってこの時期はある意味、新たな角度で「人を見る目」を磨く機会でもあると思っています。

何でも「自分が正しい」と思い込み、人に強要していませんか?
自分の価値観を人に押し付けていませんか?

自分の価値観で信じていることと、他人がその人の価値観で信じていることは違って当たり前。でもときに人はそれを忘れてしまいがちです。「コロナ観」に限らず普段の仕事や日常生活においても、自分の価値観の押し付けには注意したいもの。自分は相手にはなれないし、相手も自分にはなれないのですから。

ここをチェック！

自分が正しいと思っていることは、自らが得た情報をもとに自分なりの価値観によって形成されたものにすぎません。それぞれの人にそれぞれの価値観、正しいと信じるものがあります。その押し付けには十分、注意しましょう。

23

謝らない人

これはあるお客さまから聞いた、仕事でのエピソードです。

ある日、お客さまの部下にあたる若い社員の方のところに取引先からクレームの電話が入りました。電話の主は、取引先のなかでもかなり偉い立場にいる人。強く非難された若い社員さんは状況説明をし、ていねいに謝罪しました。

ただ、よくよく事情を聞いたところ、そのクレーム案件は不可抗力で発生した避けようがない事態。部下のミスによるものではありませんでした。それどころか、むしろ先方の対応の遅さに原因がある可能性が高かったのです。

部下には嫌な思いをさせてしまったが、相手はお偉いさんだし話は済んだのだからまあ仕方ない。――お客さまはそう思っていたそうです。

ところが――。数日後、思わぬ報告が上がってきました。その部下のところに取引先のお偉いさんが直接やってきて、

「先日は本当に申し訳ありませんでした。ウチのほうが至らなかったのに、あなたを責めるのはお門違い。嫌な思いをさせて本当にすみませんでした」と深々と頭を下げて謝罪をしたのだとか。

「仕事の立場も年齢もずっと上なのに、自分の非を認めてすぐに、しかも直接謝りに来てくれた。偉い人ですね。なかなかできることじゃないですよ」と感心する部下の姿を見て、お客さま自身もいい気分になったそうです。もちろん今も、その取引先とはいい関係が続いているといいます。

自分の非を認め、それを反省し、素直に謝る。これは人としての基本ですが、なかなか「ごめんなさい」と言えないこともあります。

大人になるととくにそう。相手が自分より年下だったり、立場が下の部下だったり、小さな子どもだったり――そうしたケースではプライドが邪魔をしてなかなか謝れないという人が少なくありません。

でもその取引先の方は、相手が誰であれ、自分が間違ったことをしたらきちんと頭を下げて謝ることができる人だったのです。

日本には、間違えたり失敗したときや他者に迷惑をかけたときには、「きちんと頭を下げて謝る」という文化があります。

対して欧米では「謝ったら負け。自分に非があること、自分の責任を認めたことになってしまうからすぐに謝らない」という考え方が多いといいます。

また、「Excuse me（失礼）」とは言うけれど、なかなか「I'm sorry（ごめんなさい）」とは言わない。そんな話を聞いたこともあります。訴訟社会である欧米では、謝る前に自分の言動の意図を説明し、論理的に弁明することが当然という文化が根付いているのでしょうか。

また、同じアジア圏であり隣国であっても、中国や韓国も「謝罪」に関しては日本とはまるで違う考え方を持っているようです。

あくまでも私の想像ですが、序列を重んじる韓国では「謝ったら自分が相手より格下になる」と考えるからかもしれません。また、中国の人はメンツや体面を重んじる傾向があって、「謝るのはプライドが傷つく行為」と考えるのではないかと――これも私の想像でしかありませんが。

こうしたことは文化の違いであって〝いい悪い〟ではないのですが、私はやはり、「謝るのは負け」「謝ったほうが下」という発想には違和感を覚えてしまいます。それよりも「非を認めて素直に謝れる人」のほうが潔くて素敵だと思いますし、自分自身もそうありたいと思っています。

自分の非を認め、頭を下げて謝罪する。それは単に「許しを請う」だけではなく、自分自身が素直に反省することでもあり、また相手との関係を修復してよりよく改善するための行為ともいえるのではないでしょうか。

冒頭のクレームについて謝罪した取引先の偉い方の場合も同じです。あのとき「ウチのほうが立場は上」「あんな若造に」と思って放っておいたり、いい加減に手を抜いた形だけの謝罪をしたり、言い訳を並べてごまかしたりしたら、両者の関係性には必ず何らかの「しこり」が残ったはず。素直に謝ったからこそ、いい関係が継続しているのです。

もちろん、自分に非がないことまで謝ることはありません。事情をしっかりと説明して責任の所在を明確にすることも必要です。

でも明らかに自分に非があるときに謝れない、頭を下げられないのは人としての資質を疑われるということです。非を認められない人に多く見られるのが、自分勝手な理屈をつけて言い訳し、ミスを正当化して責任逃れしようとするという行動パターンです。明らかに自分がミスをしたときでも、

「でも、仕事が詰まっていて忙しい自分に任せる上司が悪い」

「だって、嫌だって言ったのに新人と組まされたから、足を引っ張られて――」

「でも、〇〇さんに相談したら『そうしろ』と言うから、そうしただけ」

「だって、〇〇さんの指示がわかりにくくて――」

――いずれも「悪いのは他の誰かで、自分には非はない」という論理です。

自分の非をわかっていて認めないこうした態度を続けていては、いずれ社会人としての信用を大きく損なってしまうでしょう。

自分に非があるのに謝ることを拒絶していませんか？

自分に非があろうが「頭を下げたら負け」と思っていませんか？

人間、誰だって間違いや失敗をします。ついカッとなって理不尽な言動をしてしまうことだってあるでしょう。大事なのはその後です。自らを省みて、自らの非を認めて謝罪できるか。相手の立場や気持ちを慮って行動することができるか。

素直に「ごめんなさい」を言うことは、負けでもなんでもありません。そのひと言を口に出せる姿勢こそ、潔くて誠実な大人の振る舞いなのだと思います。

ここをチェック！

自分に非があるのなら、その非を認めて素直に謝る。それは勝ち負けや立場の優劣とは何の関係もありません。人として当たり前の行為であり、その潔さや誠実さこそが関係の修復や改善につながるのです。

24

誰かが見ていないと手を抜く人

近くに上司や偉い人がいるときだけ懸命に仕事をする人、上司がいなくなると途端に手を抜きだす人――つまり、人が見ているときだけちゃんとする人。みなさんの周囲にいませんか？

こういう人は、本人はうまく立ち回っているつもりでも、実は周囲から失笑を買っているもの。お気の毒さまですが、気づかれていないと思っているのは当の本人だけなのです。

人の目があるところだけちゃんと仕事をする。

よく思われたい人や取り入りたい人の前でだけ、いいところを見せようとする。

見られていれば真面目にやるけれど、見られていなければ手を抜く。

――そんな計算高い裏表のある見せかけのパフォーマンスをしていても、いつか必ずその〝バケの皮〟は剥がれてしまいます。不思議なもので〝見られていないはずの手抜き〟というものは、実は誰かにしっかり見られているものなのです。

逆に言えば「真面目に頑張っていれば、誰かが見ていてくれる」ということ。

見えないところでも努力をする。人目があろうがなかろうが、するべきことを誠実に果たす。そうした生き方、そうした姿勢は、必ず報われます。

「徳孤ならず、必ず隣あり」

これは、あるお客さまに教えていただいた『論語』のなかの言葉。「人徳のある人は孤立することはない。必ず協力してくれる人が現れる」という意味なのだそうです。裏表のない誠実で正直な姿勢は、必ずその人の行動、言葉、生き方に表れます。周囲の人に伝わります。見えない行動も、見られていないはずの行動も、いつか必ず形になって見えてくるのです。

誰かが見ているときだけ頑張るという発想の人は、「他者からの評価を気にする人」、もっと言えば「他者からの評価しか気にしていない人」と言えます。

でも自分の仕事に自信やプライドがあれば、他者の評価ばかりに意識が向くことはありません。誰かが見ていようが見ていまいが、自分が納得できる仕事、自分で自分を評価できる仕事をするでしょう。それが「誠実に働く」ということなのです。

また、人が見ていないところでは手を抜く、サボるという不誠実な姿勢は、「見えていない部分は手を抜く」という発想にもつながるような気がしてなりません。

以前お会いした、ある家具メーカーの職人の方がおっしゃっていました。

「毎日のように使う家具は表側以上に裏側の見えない部分に手間をかけなきゃいけないんです。そういうところがいい加減だと、見栄えはよくてもすぐに壊れてしまう。見えていないからって手を抜いたら本当にいいものはできないんですよ」と。

世の中、食品偽装や欠陥住宅などのニュースが後を絶ちません。人目に触れる表側は見栄えよくきれいにつくっても、裏返すと見えない部分はいい加減。「見えないいんだからバレないでしょ。バレなきゃ問題ないでしょ」といった誠実さに欠けた仕事への姿勢がそうした不祥事に直結してしまうのです。

昔はよく「誰も見ていなくても、お天道様が見ている」と言われたものです。また「天知る、地知る、我知る、子知る。何をか知る無しと謂わんや」という「四知《しち》」のことわざもあります。

人は誰にも見られていないと、つい「まあ、いいか」とやってはいけないことをこっそりしてしまいがち。

誰も見ていないからゴミを道路にポイ捨てする。
誰も見ていないから赤信号でも渡ってしまう。
誰も見ていないから後片付けせず、そのまま放置して立ち去る。
そして、誰も見ていないからサボる、手を抜いたいい加減な仕事をする——。

でも、誰もいなくてもお天道様（神様）は見ています。だから他人の目がないところでもきちんとしなさい。恥ずかしくないように正直に生きなさい——「お天道様が見ている」には、そうした意味が込められているのです。

それに加えて、私はこうも考えています。誰も見ていなくても自分は「悪いことをした」と知っている。自分の恥ずべき行為をわかっているはず。ですからお天道様とは、神様の象徴であると同時に「自分自身」のことでもある。つまり、「人の目がなくても、自分に恥じない行動をしなさい」という意味もあるのではないかと思うのです。「四知」の〝我知る〟ですね。

見えないところほど手を抜かない。誰も見ていない誰も評価しないところだからこそ、できる限りを尽くして向き合う。「お天道様に見られて恥ずかしくない」とは、仕事に、生き方に、自分自身に誠実になることなんですね。

他者からの評価ばかり気にして、裏表のある仕事をしていませんか？

誰も見ていないからと、手を抜いていませんか？

誰からも見えないところだからと、適当な仕事をしていませんか？

お天道様が見ている――あまり聞かなくなりましたが、今一度、改めて心に刻みたい言葉です。

ここをチェック！

人の目がないと手を抜く、見られているときは頑張る。そんな見せかけのパフォーマンスは周囲にはバレバレです。まずは自分自身に恥じない仕事と行動を。その積み重ねが真の評価につながります。

25

いつでも人任せな人

銀座で数多くのビジネスマンを見てきた私には「仕事がデキない人には『恥をかかない』『汗をかかない』『動かない』という共通点がある」という持論があり、そういう人を「3ないビジネスマン」と呼んでいます。

そして、3ないビジネスマンの典型と言えるのが「何でも人任せ」のタイプです。仕事に限らず何ごとにおいても「人にやってもらう」「何でも人に頼りきり」で平気な人がいます。

例えば「後はよろしく系」の人。自分から「映画に行こう」と誘っておいて、「あなた映画好きだから詳しいでしょ。おもしろそうな映画調べてみて。映画館もどこがいいか調べてくれる? もし一緒に行きたい人がいたら声かけておいて」――。映画を見ると提案したのは自分なのに、手配や調整のすべては相手に丸投げする。

ウソでも申し訳なさそうなそぶりをするとか、自分ができない事情を説明するとかならば「まあ仕方ないか」となるかもしれません。でも、人任せが当たり前になっている人は、悪びれもせずに「じゃあ、後はよろしく」という態度を取りがちだから困ってしまいます。

自分では動こうとせず、何でも人に頼って、人に任せてばかり。こういう人は、仕事の場でも同じようなことをしているはずです。職場で何かわらないことにぶつかったときでも、自分ではろくに調べようとせず、すぐに誰かに「教えてくれ」「調べてくれ」と頼るのもこういうタイプでしょう。

わからないことを人に聞くのがなぜ悪い？　という声もあるでしょう。もちろん人に頼ること自体を悪いと言っているのではありません。それも疑問を解決するためのひとつの手段です。「わからないことを人に聞けない人（63ページ）」でも触れたように、困ったときやわからないとき、謙虚にヘルプを求めることで問題解決がスピーディになることも、当然あるでしょう。

ただ、仕事がデキない「3ないビジネスマン」は、最初からこの手段だけを使おうとします。自分でちょっと調べればわかるようなことでも、少し時間をかけて考えれば理解できるようなことでも、自分は一切動かずに、人を頼りにする傾向が強いように思えます。

そう、私が問題にしているのは「自分は何もしない」という姿勢なのです。

自分が直接的に影響を受けるような案件や問題、トラブルなどは、「自分のことなのだから自力で対処しなければ。最初から人任せにはできない」と考えて、まず自力で何とか対応しようとするのが通常の感覚です。

まず可能な限りは自分で調べてみる。自分の頭で考えてみる。それでも解決しなければ、そこで初めて誰か人を頼って教えてもらう。精いっぱいやった。それでも自分の力だけでは難しい。だから相談する。頼る。任せる。それがものごとの順番というものでしょう。

このプロセスを経ずに「全然わかりません」と最初から人に頼りきる。「後はよろしく」と人に丸投げするのはいかがなものか、ということなのです。

また、自分で動かない人、人任せで頼るばかりの人は「自分で決断できない人」でもあります。

例えば、友人数人のグループで旅行に行こうというときでも、「動かない人」にまず幹事は務まりません。自分では「いつ、どこどこで何をしよう」「こことここを回ろう」「この店で食事をしよう」といったプランを決められないからです。いえ、務まらないのではなく最初から引き受けないでしょう。プランは友だちに任せきりのほうが気が楽だし、リサーチするなど面倒なこともしなくていい。「プランは任せるから、後はよろしく」とだけ言っておけばいいのですから。

しかも厄介なことに、「自分は動かず、何でも人任せ」という人には、任せたことに不満や不備があると、それを「その人のせいにする」タイプが多いのです。先の映画の例で言えば、相手が選んだ映画が自分の好みに合わなかったような場合、グループ旅行なら幹事のプランに無理があったりした場合などです。

自分では何もしなかったにもかかわらず、こういうときは「否定する」「文句を言う」「不満を並べる」といった言動を取る。これでは人は離れていきますよね。

確かに自分は楽でしょう。何もしなくていいし、何も決めなくていいのですから。でも「お願い、あとよろ（後はよろしく）」という態度ばかり取っていると、間違いなく人は離れていきます。自分では汗もかかず、すべて人に頼りきって苦労もせず、最後の〝おいしいところ〟だけを持っていこうとするのは虫がよすぎるというもの。その上、自分が気に入らなければ文句を言うなど言語道断です。周囲からの「少しは自分も動けよ」「お前が言うなよ」という言外の声に気づかないようでは、決定的に社会人の資質が欠けていると言わざるを得ません。

仕事やプライベートで、何でも人任せにしていませんか？
最初から人を頼るばかりで、自分で動くことを怠っていませんか？

人に頼る前にまず自分で考える。人に任せるだけでなく自分も動く。簡単なことがわからずに四苦八苦して恥をかく。困難や面倒な調整事に取り組んで汗を流す。人任せにせず、自分自身が率先して行動することで得られる経験にこそ、貴重な学びがあり、成長があるのだと私は思います。

ここをチェック！

仕事がデキない人は、「恥をかかない」「汗をかかない」「動かない」人。何でも人任せにしがちな人は、まずは自分から動いてみましょう。「かいた汗」によって次第に周囲の視線が変わってくるはずです。

26

すぐにイライラする人

渋滞で車が進まない。レジの列で前のお客さんが手間取っている。エレベーターがなかなか来ない。電車が途切れず踏切が開かない。

電話が保留になったまま相手が出ない。窓口で受け付けしたのに名前を呼ばれない。注文した料理が出てこない。

大した時間ではないのに、しかもとくに急いでいるわけでもないのに、ものごとが少しでも停滞してスムーズに進まないと、ついイライラする――。

私もどちらかと言えばせっかちで何事も素早くやってしまいたい性格なので、そういう気持ちもわからないではありません。でも世の中には、そんな私から見ても「その程度のことでイラつかなくても――」という、やたらとストレスフルな人が少なくないのですね。

待ち合わせやアポイントの時間が迫っているときは、誰でも焦りや不安を感じるもの。それがイライラに変わるのはある程度仕方がないとも言えます。でも、そうした状況にないときでもイラついてしまうのはなぜなのでしょうか。

ＡＴＭの列で5分、スーパーのレジで3分、赤信号やエレベーターで1分――このくらい待たされると、多くの人はストレスを感じてイライラし始めると聞いたことがあります。

こうした数値はあくまでも平均値なので人によって差はあるでしょう。でも私が考えるに、人にはそれぞれ「このくらいなら待てる」「このくらいなら時間がかかっても仕方ない」という「自分の許容範囲」があるように思うのです。その範囲内に収まっているうちは気にならないけれど、それを超えてくるとストレスになってイライラしてくるのだろうと。

その許容範囲はそのときの精神状態で変動し、気持ちに余裕があるときは広めになり、余裕がなく焦っているときは一気に狭くなるものです。ですから仕事がうまくいかず気分がノッていないときは、コンビニのレジでちょっと待たされただけでもイラッとしやすくなるのだろうと。

さらに私がイライラを生むもうひとつの原因と考えているのが「流れが滞る」こと

への不快感です。それまでスムーズだった流れが何かの拍子に滞ってしまう。さっきまでスイスイと進んでいたレジに、ポイントカードが見つからない人が現れたことで、その流れが止まってしまう。直前の人まではテンポよく名前を呼ばれていたのに、自分のときだけ何か手間取っている——。

流れに乗って前に進むはずが、そこで止まらざるを得なくなる。その〝つんのめった〟感覚がネガティブ感情につながることもあるのではないでしょうか。時間に余裕があっても、待ち時間自体は自分の許容範囲であったとしても、そういうときにはイラッとしがちに思えます。

世の中の流れがスピーディになっている現代社会では、あらゆることにスムーズさやテンポのよさが求められる傾向があります。そんななか、維持されてきた流れやテンポを乱されることに「何してるんだ、早くしろよ」と苛立ってしまうのでしょう。

とはいえ、人間は感情を持つ生き物。「ストレスのない人はいない」とも言われている現代社会で生活していれば、思わずイラッとしたり不愉快に思う場面に出くわすことはよくあるでしょう。私だってイラッとすることはしばしばあります。

ただ問題は、そのイライラをどうコントロールするか、できるかです。心に芽生えた苛立ちや不機嫌さをあからさまに表情や言動に出してしまうようでは社会人としていかがなものか、ということなのです。

ネガティブ感情をすぐに表に出してしまう人は、自分のその表情や態度が周囲の人の感情にまで浸食して、場の空気全体をも悪くしていることに気づいていないもの。

「見るからにイライラと不機嫌そうにされると周りまで雰囲気が悪くなる」

「ちょっと待たされたくらいで苛立った態度になるなんてみっともない」

「子どもじゃないんだから」

「ああいう余裕のない人には仕事を頼みたくないよね」

――こうした悪印象を与えていることにも気づいていないのでしょう。

こういうタイプは、結局のところ自分本位なのだと思います。自分の許容範囲や自分のテンポだけでものごとを考え、他者の事情や周囲の状況には思いが及ばないということ。とくにチームプレーが重要視されるような仕事の場合、すべてを自分軸で考えるような人は敬遠されがち。些細なことでイラついてすぐ不機嫌になる人は、最終的に周囲からイラつかれ、遠ざけられる存在になってしまうのです。

一方で、多少待たされても心穏やかに、おおらかにいられる人もいます。

「こっちも急いでいるわけじゃないし」
「お年寄りには最近の機械は難しいだろうな」
「待たせちゃっている人、焦ってるだろうな、気の毒に」
「そんなに慌てなくていいのに」

——と感情を乱さず、心静かに待つことができる。ネガティブな感情を顔に出さないでスマートでいられる。そういう振る舞いには「デキる人だな」「大人だな」という印象を持ちますよね。

多少待たされても苛立たず、イラッとしてもそれを自分のなかで解消して常におおらかでいられる人は、目の前の状況を不可抗力として「そういうこともある」と前向きに受け止められる人です。

不本意ながら流れを滞らせてしまっている人に対して「行動のスピードやテンポは人それぞれ」という気遣いができる人です。そして何より、自分自身の感情をコントロールできる人なのです。


心に余裕がなく、些細なことでイライラしていませんか？

そのイライラや不機嫌さを、すぐに表に出していませんか？


とくに近年のコロナ禍で、世の中も、人の心も殺伐としがちです。もちろん、誰もがイライラしたくてイラついているわけではないでしょう。誰もが「心の余裕」を持ちたいと思っているはずです。

だからこそ、少しくらい行列がつかえても、少々待たされても、「まあ、仕方ない」と広い心でドンと構えてみませんか。イライラしたら、イライラしそうになったら、深呼吸して心を落ち着かせ、「こういうこともあるさ」と笑ってみませんか。深呼吸、それも、息を吸う時間の倍の時間をかけてゆっくりと息を吐く。息を吐くときには副交感神経が優位になると聞きました。リラックスして頭の中も整理できるはずです。同じ表に出すのなら、イラついた態度よりも明るい笑顔のほうが仕事も人生も楽しくなるはずです。

ここをチェック!

ストレスフルな現代社会で大切なのは、苛立った感情を上手にコントロールして、周囲に不快感をまき散らさないということ。イラッとしたら深呼吸でリラックス。こんなご時勢だからこそ、常に心穏やかでありたいですね。

27

言葉遣いに無頓着な人

お店によくお見えになる常連のお客さまから、「人とお付き合いをするとき、どんなに打ち解けた関係になっても、絶対に使わないように気をつけている言葉が3つある」というお話を聞いたことがあります。その3つとは、

「女性のことを『オンナ』と言わない」
「お金のことを『カネ』と言わない」
「相手のことを『オマエ』と呼ばない」

オンナという言い方は女性を見下しているようで配慮に欠ける。カネという言い方は、品がなく不誠実で信用の置けない印象を与えてしまう。オマエという呼び方は傲慢で高圧的に聞こえて相手を傷つけてしまう。どれも相手を傷つけ、自分も損をする言葉だから使わないように心がけているのだと。

「言葉は心の鏡」とよく言われます。「言葉遣いにはその人の心の状態が、その人の人間性が如実に表れる」ということです。日々の会話のちょっとした〝ものの言い方〟

で、その人の印象が大きく変わるのはよくあること。

日頃から荒れた下品な言葉を使っていると「品のない人」「だらしない人」という印象を与え、身勝手な言葉を口にしていると「自己中心的な人」「他人の気持ちを思いやれない人」という印象を持たれ、人を軽蔑するような言葉や尊大な言葉ばかり使っていると、周囲に「プライドが高くて傲慢な人」と思われてしまいます。たとえそれが事実とは違っても、言っている本人にそんなつもりはなくても、そのように受け取られてしまうものです。

言葉はもっともベーシックなコミュニケーションのツールであり、言葉遣いとはそのツールを使いこなすためのスキルです。世の中が人と人との関わりによって成り立っている以上、言葉遣いひとつがその人の人間関係を、その人の人生を大きく左右するのは明らかです。

人は、親しい関係になるほど言葉遣いもラフになりがちです。それは確かに打ち解けている証しでもあるのですが、「親しき仲にも礼儀あり」で、どんなに親しくても何を言ってもいい、どんな言葉遣いをしてもいいというわけではありません。

先ほどのお客さまがご自分に課している、どんなに親しい人との会話でも「オンナ、カネ、オマエ」の言葉を使わないというルールも、「気持ちよい会話やコミュニケーション、気持ちよい人間関係のためには、相手の気持ちを慮って言葉を選ぶことが大切」という思いの表れなのだと私は思っています。

仕事でもプライベートでも、何気ない言葉ひとつが誤解を生んだりトラブルを招いたり、そのトラブルの事態を悪化させたりするというケースは想像以上によくあります。

「売り言葉に買い言葉」ということわざがあるように、まさに「言葉選び」がきっかけになって口論がエスカレートし、関係性がこじれてしまったという経験をお持ちの方もいらっしゃるのではないでしょうか。

言葉はたったひと言で相手を喜ばせることも、悲しませることもできてしまう〝諸《もろ》刃《は》の剣《つるぎ》〟でもあります。だからこそ言葉は慎重に選ぶようにしたいもの。

相手の気持ちを考えて相手を傷つけないように、自分で自分の品性や印象を下落させないように、普段から使う言葉に気を配ること、言葉を選ぼうという姿勢は、人としてのとても大事な心がけなのです。

ほんの少しの気遣いと気配りで言葉は変わります。例えば、仕事の現場でも、

「言い訳するな、バカ」ではなく、「今回は仕方ない、次は頼むぞ」。

「そんな話、聞いてない」ではなく、「もう一度、報告してもらっていいか？」。

「だからお前はダメなんだよ」ではなく、「今、君ができることは何だと思う？」。

自分の感情だけで言葉を投げつけてしまうと反発されるようなことでも、相手への思いやりの気持ちを持った言い方ひとつで伝わり方が変わってくるものなのです。

また、顧客や取引先などからのクレーム対応で揉めたりこじれたりするケースでも、最初の電話に応対した人間の言葉遣いに原因があることが少なくないそうです。

「ですからぁ、その件はわからないと何度も申し上げてるじゃないですか」

↓「何、その言い方？　バカにしてんのか！」

「はいはいはい。ええ、ええ」
↓「真剣に聞く気があるのか！」
「はぁ？　本当にそうなんですか？」
↓「ウソをついてるっていうのか！」

面倒くさい気持ち、適当にあしらいたい気持ち、疑っている気持ち——。そうした感情が言葉遣いににじみ出て、相手の気分を害してしまう。よく聞く話です。

言葉が「心の鏡」であるのなら、心の在りよう次第で、その人の言葉も自然と変わってくるはずです。バカにしない。否定しない。偏見を持たない。真摯に向き合い、相手の気持ちを推し量り、お互いが気持ちよくやりとりできるように心を砕く。こうした内なる自分の心の在り方が、その人の言葉をやさしく、美しく磨いていくのではないでしょうか。

自分が発する言葉に無頓着になっていませんか？
自分の言葉遣いで人を不快にさせていませんか？

言葉遣いは、相手への配慮、相手への気遣い、心配りです。「あの人とはもっと話をしたい」――そう思ってもらえる人こそ、仕事がデキる人なのです。

ここをチェック！

言葉は「心の鏡」、その人のそのときの心が映ります。言葉を発する前にひと呼吸、相手の気持ちを推し量って、ちょっと慎重に言葉を選ぶ。これができれば、あなたを取り巻く人間関係も仕事も、きっとうまく回り始めます。

28

敬語を疎かにしている人

言葉に関してもうひとつ、敬語のお話をさせてください。

ビジネスに限らず社会生活すべてにおいて円満な人間関係を築くためにも、敬語を正しく使うスキルは必要不可欠です。年代を問わず、正しく、そして自然に美しい敬語を使える人はコミュニケーション能力が高く、誰に対しても（とくに年長者に）好印象を与えることができるでしょう。

しかしながら今の時代、目上の人や取引先の人に対して、敬語を正しく使えない人が増えているように思えます。

とくに若い世代のなかには上司や先輩、初対面の取引先の人などに敬語を使わず（使えず）、友だちに使うのと同じ言葉遣い（タメ口）で話す人もいるようです。

「媚びを売っているみたいでカッコ悪い」

「年功序列なんて崩壊してるんだから、敬語も必要ない」

「尊敬している人には使うけど、尊敬できない相手に敬語は使いたくない」

——彼らなりの考え方もあるでしょう。でも私は違うと思うんです。

「媚びを売るようで嫌」――敬語を使うのは相手に敬意を払う（リスペクトする）こと。敬意を払うことと媚びを売る、ゴマをすることはまったく意味が違います。

「年功序列が崩壊――」も理由になりません。年功序列はあくまでも会社における人事制度であり単なるシステムでしかありません。年長者や目上の人に敬意を払うことと年功序列とはまったく関係ないのです。「ウチの会社は年功序列じゃなくて成果主義だから――」というのも、年上の上司や先輩に敬語を使わなくていい理由にはならないのではないでしょうか。

「尊敬できる人でなければ敬語は使いたくない」――気持ちはわからなくもありませんが、ビジネスにおける人間関係は〝友だち付き合い〟とは違います。

上下関係や内外関係でのコミュニケーションを円滑にするためにも、プライベートとは違う礼儀やマナーは不可欠です。敬語もそのひとつと考えれば、「尊敬できないから礼儀などどうでもいい」という姿勢では、社会人、ビジネスマンとしての資質を疑われることになりかねません。

敬語はもちろん敬意や尊敬の念を表す言葉であると同時に、異世代との関係性における、その人の品位を示すための言葉でもあります。敬語を正しく使うことは、相手を尊敬できるかできないか以上に、「自分は社会人としての礼儀礼節をわきまえている」という、自分自身の「人としての矜持」だと、私は考えています。

そう考えれば、敬語を「使わない」のではなく「使えない」という人もまた、ビジネスでは苦労したり損をすることが多くなるでしょう。敬語はただ「使えばいい」というものではありません。尊敬語、謙譲語、丁寧語を正しく適切に使うことも重要な礼儀となります。

ここで事細かに使用の間違いを取り上げることはしませんが、ひとつ注意していただきたいのが、よりていねいな表現をしようと考えるあまり「二重敬語」になる、敬語表現が過剰になるというケースです（とくにメールや書面でよく見られます）。

過ぎたるは猶及ばざるが如しで、人によってはせっかくの敬語も「わざとらしい」「ていねい過ぎて逆に見下されているように感じる」という、いわゆる「慇懃《いんぎん》無礼《ぶれい》」な印象になりかねません。敬語は正しく使ってこそ、その効果を発揮するのです。

敬語が使えないのは若い人の専売特許のように思われがちですが、そんなことはありません。いい年をしたベテラン社会人にも敬語が怪しい人がたくさんいます。「そう言われると自信がない」という人は、自分が普段当たり前のように使っている敬語表現が本当に正しいかどうか、今一度見直してみるのもいいかもしれません。

何かと理由をつけて、敬語を疎かにしていませんか？
正しい敬語を使えていますか？

敬語は外国語にはない日本独自の言葉です。世界中を見渡しても、これほど礼儀・礼節を感じさせる敬語表現はまずないでしょう。正しい敬語を適切に使うことはビジネスに不可欠なスキルであると同時に、社会人としての矜持であり、日本の文化へのリスペクトでもあると思うのです。

ここをチェック！

日本では、敬語はビジネスのみならず社会生活を円滑にするための重要なツールです。うまく使えないこと自体であなたが被る損失は大きいものになるはずです。自信のない人は、今一度、自らの敬語をチェックしてみましょう。

29

デスクの上が散らかっている人

資料や伝票が所狭しと広げられ、パソコンのマウスやキーボードさえどこにあるかわからない。書類やファイルが山のように積み上げられ、今にも雪崩を起こしそうになっている。

そんなデスクの上が〝ゴミ屋敷〟状態の人は、どのオフィスにもいるものです。もし「自分のデスクもそうかも」と思い当たる人は要注意。なぜなら「整理整頓ができない＝仕事がデキない、仕事が雑」といったネガティブな印象を与えてしまうことが少なくないからです。

それはデスクの上の整理能力と仕事の力量をリンクさせて捉えている人が多いということでもあるのです。

デスクの上に限らず、自分が仕事をする場所の整理整頓ができている人は、多くの場合、頭のなかも整理されている――私もこう考えるタイプです。

頭のなかが整理されているから知識や情報を引き出す（思い出す）のもスムーズ。考え方も理路整然としていて余計な思考に煩わされないので、仕事も早くて正確になる。つまり、仕事がデキるというわけです。逆にデスクを片付けられない人は、頭のなかも〝散らかって〟しまいがち。だから仕事が雑になったり、詰めが甘かったりする可能性が高くなるとも言えるのです。

デスクが散らかりっ放しで、何かというと必要な資料や書類を「探す」ことから始めなければいけない人が厄介なのは、本人がバタバタするだけでなく、いっしょに仕事をしている周囲の人たちにまで迷惑をかけるという点です。チーム全体で「用意ドン」で仕事を始めようとしても、ひとりが「ちょっと待って、今資料を探しているから――」となれば、それだけで仕事の効率は下がってしまいます。それだけ自分以外の人の時間を無駄に費やしていることになるのです。決して大げさな話ではなく、デスクの整理整頓を心がけることは、自分のため以上に、周囲の人のため、職場全体のためにも必要なことだと思います。

「散らかっているように見えても、自分では何がどこにあるかわかっている」という反論もあるかもしれません。実際に、周囲からは乱雑に見えても、本人は書類やモノの位置をすべて把握しているという人もいるそうですが、大半は、いざとなると必要なものを見つけられずに大慌て、となるパターンでしょう。

自分がわかっているから大丈夫（本当は大丈夫じゃないのに）と正当化している人に限って、しょっちゅう資料が行方不明になる、もらった名刺をなくす、大事なメモを誤って捨てる——といったことになるもの。

その昔、オフィスでタバコが吸えた時代には、吸いかけのタバコがデスクの上で行方不明になって、会社でボヤ騒ぎが起きたという話も聞いたことがあります。ボヤは極端にしても、大事なものをなくすリスク、捨てるリスクが高まるというだけで、整理力のなさは仕事のマイナスと指摘されてもおかしくありません。

また、これはあるお客さまから聞いた話なのですが、オフィスのデスクの上以外にもうひとつ、傍から見てその人の整理能力がうかがえるポイントがあるといいます。

それは「パソコンのデスクトップ画面」なのだとか。確かにそうかもしれません。デスクトップ画面にファイルやフォルダが所狭しとギッシリ並んでいると、いざ必要なファイルを開こうとしても、それがどこにあるのか探すだけで時間を取られてしまうでしょう。毎回「あのファイルどこに置いたっけ?」では、仕事の効率も下がってしまうはず。

しかもリアルな机の上と同じで、散らかっていると重要なデータを誤って消去したり、間違って上書きしてしまったりといった大きなミスも起きやすくなります。

しかも、〝ごった煮状態〟のデスクトップ画面を見ると、一度にいろいろな情報が目に飛び込んでくるため、気が散って集中しにくくなるというデメリットもありそうです。

さらに、細かく並んだアイコンだらけのデスクトップのなかからファイルを探すには画面を凝視することになります。そうすれば目にも余計な負担がかかり、疲労度だって高まりかねません。細かいことのようですが、デスクトップ画面の整理は体調管理にも少なからず影響があると言えるかもしれません。

リアルなデスク(机)だけでなく、パソコン上の「デスクトップ」にも、その人の整理能力が表れ、仕事の力量がうかがえるということです。

職場のデスクがいつも散らかっていませんか？
パソコンのデスクトップ画面がファイルであふれていませんか？
仕事をしていれば、デスクも、パソコン画面も、ある程度散らかってくるのは仕方ありません。ただ、散らかるにも限度があろうというもの。散らかしっ放しにせず、折を見て片付け、整理整頓することも大事な仕事のひとつと心得たいものです。

ここをチェック！

デスクの上が整理できていない人は、頭の中も散らかっている傾向が。いつでも書類やモノを探している人は、仕事のチームにも迷惑をかけているという自覚が必要です。デスクも頭も整理整頓を心がけましょう。

30

話をきちんと聞く姿勢がとれていない人

私たちの仕事は、お酒とお話でお客さまに楽しい時間を提供すること。ですから、会話力やコミュニケーション能力は何よりも大事なビジネススキルです。

でも、私はずば抜けた「話し上手」ではありません。流れるように淀みない巧みな話術も、爆笑を取れるおもしろ話ができる能力もないタイプだと自覚しています。

ただ、そんな私がひとつだけ、お客さまとの会話、誰かとの会話で常に意識しているのが「心の向き」です。

わかりやすく言えば、心の向きとは「誰のことを思って話すか」ということです。

例えば、心を「自分自身」に向けて話すことは、「自分」が満足したいがために、「自分」が言いたいことばかりを、「自分」の気分や感情のままに話すということ。確かに自分は気持ちがいいかもしれません。言いたいことを話せるのですから。でも、そうした「心が自分向き」の話は、相手にはなかなか伝わらないもの。話す声として、音声信号として聞こえてはいても、心には響かないものです。

一方、心を「相手」に向けて話すのは、「相手」とのやりとりを楽しむために、「相手」との距離を近づけるために、「相手」のことを知りたくて、場の空気を和ませたくて話すということです。相手やその場のことを慮っての話は、たとえ拙い表現であっても聞く人の心の奥深くにまで届くはず。

会話とは「言葉を介した心のコミュニケーション」です。だからこそ「心の向き」が大事になってくるのです。コミュニケーション能力の本質とは「話術＝テクニック」ではありません。何よりも大切なのは相手の心中を察する「想像力」であり、「思いやり」なのです。

心を相手に向けて、相手のことを考えて、相手の心に思いを至らせて話す。これこそがコミュニケーションの本質だと私は考えています。

心を相手に向けて会話をするための第一歩として、ぜひ普段から心がけていただきたいことがあります。それは「相手に体を向ける」ことです。

「なんだ、そんなことか」と思った方もいるかもしれませんね。でも、この当たり前のことがすごく大事であり、実はできていない人が多いのです。

例えば、仕事中に「ちょっと聞いてもらっていいですか」と相談事を持ちかけられたとき、パソコン画面や書類から顔だけを上げて対応する人がいます。なかには顔も上げずに話を聞こうとする人もいます。

これでは会話になりません。たとえ自分では「話はちゃんと聞いている」と思っていても、そんな姿勢のまま聞いていては、相手は「適当に聞き流されている」と思ってしまうでしょう。

きちんとコミュニケーションを取るには、まず相手の話をきちんと聞く姿勢を示さなくてはなりません。そのためには体の正面を相手に向けることが重要なのです。

心と体はつながっています。体を向けることで、相手は「自分に意識を向けてくれている」と感じます。逆に顔だけ向ける、顔も上げないでは、相手は「意識が自分に向いていない」と感じてしまうものなのです。仕事の手を止めて、相手に体を向けて聞く。すぐに手が離せないのなら「ちょっと待ってて」と仕事にキリをつけてから、体を向けて「どうした？」と聞く。これで初めて、相手とのコミュニケーションのスタートラインに立ったことになるのですね。

また、最近よく聞くのがスマホをいじりながら会話する人、スマホから顔を上げずに話す人の存在です。

話しかけているのにスマホをチラチラと気にする。会話の途中でしょっちゅうポケットのスマホをチェックする。顔も体も、常にスマホのほうを向いている――。これは意識が目の前の自分に（自分との会話に）向いていないことの表れであり、会話においてこれほど失礼なマナー違反はありません。

「私との会話より、スマホのほうを優先しているのだろうか」

「私の話がつまらないのかな」

「そもそも、私自身に興味がないのかな」

――相手にそう思われても仕方ありません。

そこまでしてチェックしなければいけない大事な用件があるなら、「ごめん、重要な用件でどうしても確認だけしておきたいんだ」と断りを入れれば済む話です。実際「相手が会話中に携帯電話をチェックしていると、『どうせこちらの話は聞いてくれないだろう』と感じて親密度が一気に低下する」という研究報告もあるそうです。

会話をするとき、ちゃんと相手に体を向けていますか?
会話中にスマホチェックばかりしていませんか?

言葉のやりとりだけが会話ではありません。心を向き合わせて、気持ちを込めた言葉を交わし合うのが会話であり、コミュニケーションです。ビジネススキルとしての話術を磨くのも結構ですが、その前にまず、相手に心を向けて話す意識を持つことを心がけたいものですね。

ここをチェック!

会話の基本、相手の話を聞く基本は、自分の体と顔をきちんと相手に向けること。デスクでパソコンを見ながら、スマホを見ながらでは、言葉も気持ちも通じることはありません。

31

立場が弱い相手への態度が横柄な人

タクシーに乗ったら運転手さんから「まだ新人で道に詳しくないのですがよろしいですか」と言われました。そのとき、

「ナビ使えばいいだろう。プロなら都内の道くらい覚えておけよ」

「東京の道は複雑ですからね。ナビ使ってもらって、近くに行ったら指示しますよ」

――さて、仕事がデキる人はどちらでしょう？

もちろん後者です。問題にするまでもありませんでしたね。


タクシーだけではありません。レストランや居酒屋などの飲食店に行ったとき、店員さんに対して居丈高で威圧的な態度や、上から目線の言い方をする人がいます。

「いらっしゃいませ」にも目も合わせず、勝手にずんずん入っていく。

「何名様ですか？」――何も言わず指で示すだけ。

「こちらへどうぞ」――「え〜、ここ？　もっといい席あるだろ」

座ると同時に「ビール2本」、後は勝手に話し始める。

「ねえ、さっき○○頼んだんだけど、いつまで待たせるんだよ」

「今日は入荷してなくて」――「なんだよ、今日もかよ？　いつならあるんだよ」

こんな態度や物言いをする人を見ると、「この人、何様のつもり？」と社会常識を疑ってしまいます。その人たちは、きっとこう言うでしょう。

こっちは客だよ。その人たちは、別にいいだろう――。

お金払ってるのはこっちなんだから――。

確かに接客業やサービス業はお客さまなしでは成り立ちません。昔の歌の歌詞にもあるように、ある意味「お客さまは神さま」であるのも事実です。

でも、私は「お客さま＝何でもありの神さま」ではないと思っています。お客さまに支払っていただくお金は、お店が提供する商品やサービスへの対価です。レストランならば提供する料理や飲み物、サービス、雰囲気などへの対価として相応のお金を払っていただくということ。ですから、提供する側と支払う側は、基本的には対等なのです。お互いに対等の立場で、その上でのサービスであり気遣いなのです。

「お金を払っているから客のほうが店よりも偉い」「お客さまは神さまで、店員はその従者」という発想は、そもそも間違っていると思います。

タクシーの運転手さん、駅の係員さん、飲食店の店員さんや役所や店舗の窓口担当の方など、お客さまに対応する業務に就いている人たちを見下したり、平気で、当然のように上からものを言う人は、「サービスを受ける代わりに対価を支払う」「売る側と買う側は対等」というビジネスの基本を理解していない人です。

そんなことさえわからない人に、果たして理に適った、筋の通った誠実な仕事ができるでしょうか？　私はそうは思いません。


お店の人に横柄な態度を取るような人、相手によって態度を変えるような人の行動は、総じて「一事が万事」です。

仕事の現場でも自分より立場が上の人には平身低頭でペコペコしまくり、立場の弱い相手には傲慢で居丈高になる。相手が社外の人で、初対面やあまり付き合いがない段階でも、「年齢が上」とか「こっちのほうが会社の規模が大きい」というだけで、無条件に偉そうな態度を取る。家庭でも奥さんに「オレが養っているんだから口答えするな」なんてパワハラ発言をする――そんなタイプが多いのではないでしょうか。

銀座の高級クラブでも、接客についた女性には紳士的で親切に振る舞っていても、男性スタッフ相手だと急に横柄になる人がいます。私たちのようにお店で働いている女性は、お客さまのそうした態度の違いをよく見ています。そして印象に残るのは、自分への親切な態度ではなく、スタッフへの傲慢な態度のほうなのです。そういう人がお店で歓迎されるはずがありません。

立場が弱い人を見下してばかりいると、いつか立場が変わったとき、真っ先に見下される人になってしまいます。相手の立場によって態度を変えていると、自分も誰かから態度を変えられる人になってしまいます。

「客だから」とお店の人に上から目線の横柄な態度を取っていませんか?

相手によって態度をコロコロ変えていませんか?

本当に仕事がデキる人、人望もあって信頼されている人は、誰とでも謙虚な姿勢で対応できるもの。相手が部下であっても年下であっても、立場の違う相手であっても、「ひとりの人間」として敬意を持ってコミュニケーションが取れるものなのです。

ここをチェック！

接する相手によって態度をガラリと変える人は、周囲からの信頼を失います。立場や年齢を超えて、どんな相手にも敬意を払ってコミュニケーションを取るよう心がけたいものです。

32

「生きたお金」の使い方ができない人

お金の使い方には、その人の〝人となり〟や考え方が如実に表れます。

あまりにもお金に執着し過ぎて、必要なものを買うときや、自分で払うべきお金さえも出し渋る人。自分が払うお金を減らすことばかり考え、如才なく他者の出費ばかりを当てにする人。こういう人のことを世のなかでは「ケチ」と呼びます。

決して「お金を貯めること」を否定しているのではありません。〝宵越しの銭を持たない〟ような無計画でだらしないお金の使い方では、大人としての金銭感覚を疑われてしまうでしょう。暮らしのなかで無駄を見直し、賢く節約・倹約して不必要な出費を控え、将来に備えることはとても大切です。

ただ、お金には「活かす使い方」と「活かす使いどき」があると思うのです。

お金は「ほしいものややりたいことを叶えるための道具」だと言われます。道具は上手に使ってこそ、その価値を発揮するもの。道具をうまく使いこなせる人ほど成功するものなのです。

お金は上手に使ってナンボ、活かして使いこなしてナンボのもの。そう考えれば、「活かすべきときに備えて貯め、そのときが来たら潔く使う」というのがお金に対する正しい向き合い方なのではないでしょうか。

お金には「生き金」と「死に金」の2種類あると聞いたことがあります。

生き金とは「自分にとって価値のあるお金、人生にプラスをもたらすために有効に使われるお金」のこと。そして死に金とは「自分に価値をもたらさない、プラスにならないことに無駄に使われるお金」、さらには「貯めてあるだけで使われないお金」のことなのだとか。

もちろん何に価値を見出すか、何を人生のプラスと考えるかは人それぞれ。ですから、「何にお金をかけるか」も十人十色で当たり前です。

車が好きな人は自動車関係に。「食べるのが生き甲斐」という食通は飲食代に。「旅こそ人生の楽しみ」という人は旅行に。「〝推しアイドル〟に人生を賭けている」という人はその子を応援するために。キャリアアップしたい人は資格取得の勉強のために。語学力を高めたい人は語学学習のために。

自分が好きなこと、自分が好きなもの、自分が好きな人のために。自分がやりたいこと、自分がなりたいもの、自分が手に入れたいもののために。

こういうところに使うお金は、その人の人生を充実させ、満足度を高めてくれる価値ある「生き金＝活き金」になります。逆に言えば、「生き金」を使えている人は、仕事もプライベートも活き活きと充実しているということにもなるでしょう。


そしてもうひとつ、「きれいに切る身銭」もまた、「生きた」お金の使い方だと思います。

「株式会社〇〇で、領収書ください」――デートで恋人と食事をしたとき、支払いの場でこんなセリフを聞くと、ちょっと幻滅してしまいます。プライベートな友人へのプレゼントを買った人からこのセリフを聞いても、やはり同じように思うでしょう。

その方が自営業ならば必要経費として領収書をもらうのは致し方ないかもしれません。でも会社勤めのサラリーマンの場合はどうでしょう？

「デート代も会社の経費で」「プレゼントも会社持ちに」という発想は、周囲にセコい人、ケチな人、公私混同をする人という印象を与えかねません（いえ、実際にセコい行動だと思われるでしょう）。

身銭を切るという言葉には「自分の身体を痛めて（自分の懐を開いて）お金を使う」という意味合いがあるのだそうです。

好きな異性とのデートのときに会社の経費で落とそうと考えるのは、他人の懐を利用して「相手への好意や恋心」をアピールしているようなもの。果たして相手はその発想を「嬉しい」と思うでしょうか。感激するでしょうか。

「え、こんなプライベートなことも経費として会社に請求するの？」――こう思われることは、その人の「人としての魅力」を大きく下げることになるでしょう。

その人はその場では「自分で払わず得をした」かもしれませんが、実は、自分の価値を下げる「死に金」を使ったのと同じこと。

「好きな人に〝自分が〟ご馳走したい」「お祝いの気持ちで〝自分が〟プレゼントを贈りたい」――そう思って自分のお金で払うからこそ、食事にもプレゼントにも価値が生まれます。それが「生き金」を使うということなのです。

私は「粋」という言葉を大切にしています。「粋」とは、節度と礼節をわきまえ、周囲への気配りを忘れず、自分の仕事に誇りを持ち、自分の人生を楽しむ――そんな立ち居振る舞いのこと。これはお金の使い方にも言えると思うのです。

人生の価値を高めるためにお金を使えること、きれいに潔く身銭を切れることもまた「粋」な振る舞いのひとつ。ですから「生き金」は「粋金（いきがね）」でもあるんですね。

普段から「生き金＝活き金＝粋金」を使えていますか？

切るべきときに、潔く身銭を切っていますか？

自分の懐で付き合うべきときには、よそさまの懐を頼らず、当てにせずに気持ちよく身銭を切る。ときには仕事かプライベートか、見方によってはどちらともとれる状況もあるでしょう。そんなときには、あえて身銭を切るほうを選ぶ。

また、たとえ仕事や公用であっても、たとえ会社に請求できるようなケースであっても、「ここは自分で払うべき」と思ったら潔く、気持ちよく身銭を切る。
それをさらりとできる人が、生き金の使い方や使いどきを知る〝粋な人〟だと思うのです。

ここをチェック!

お金の使い方には、その人の本質が如実に表れます。自らを成長させるために、自らの大切な人やもののために、ここぞというとき、きれいに身銭を切れる人は、充実した人生を歩める人だと思います。

33

お酒をきれいに飲めない人

自分の著書や取材などでも申し上げているのですが、人に「人品」があるように、お酒の飲み方や向き合い方にも「酒品」という品性があるというのが私の信条です。「酒に十の徳あり」ということわざがあります。お酒には、「百薬の長」「寿命の効（長生きの効果）」「旅行に食あり」「寒気に衣あり」「推参に便あり」「憂を払う玉箒」「位なくして貴人と交わる」「労を助く」「万人和合す」「独居の友となる」という十の徳（長所）があるという意味です。

いっしょにいる人も、自分自身も悠然と酔いの雰囲気を楽しむ。飲むほどに、酔うほどに会話は深く、広く、楽しくなり、その場には明るい笑い声が絶えることがない。席を立つときが近づいてももっと話していたい。お開きになっても、またすぐ、ともにグラスを傾けたくなる――。

酔ったときほど理性的になり、心に屈託があっても爆発させず、お酒と会話を楽しめる。楽しく飲むことで心の屈託を忘れられる。人からもお酒からも愛され、若い人から「自分もあんなお酒が飲めるようになりたい」と憧れられる――。

酒品とはお酒を楽しむ心意気であり、酒品のある人とは、お酒の「徳」を知っている人のことなのです。

きれいなお酒を飲む。楽しいお酒を飲む。これは社会人として忘れてはいけない最低限のマナーです。シラフのときは穏やかで温厚で紳士的でも、お酒を飲んだら豹変するような人は、「酒品がある」とは言えません。正体をなくすまで酔って、大騒ぎしたり暴れたり、他のお客様に迷惑をかけるなんて論外。

酒席で周囲に迷惑をかける行為、周囲を嫌な雰囲気にする行為は、サッカーで言う「レッドカードで一発退場」と同じこと。それだけでその人の人間性に対する評価や評判を地に落としてしまいます。

もちろん酒席でのトラブルが厳禁なのは言うまでもありません。お酒が入ると時間の感覚や金銭感覚がマヒしやすく、トラブルにも発展しがちです。そういう場でお酒の徳だけでなく、お酒の〝毒〟やリスクを十分に理解した上で、節度を持って程よく酔い、周囲を明るく、くつろいだ席にできる。そんな「酒品の持ち主」は、仕事もきっちりデキる人のはずです。

お酒をきれいに飲んでいますか？

品性を疑われるお酒の飲み方をしていませんか？

お酒は人間を丸裸にします。理性のタガが緩み、心の鎧が外され、その人の本質が表に出てきます。酒は人なり。お酒を飲んだときの品性＝酒品は、その人の本当の姿でもあるのです。

飲むほどに、人としての味わいが深まっていく――。みなさまにはそんな酒品のある粋な大人であってほしいと思います。

ただ、今回の新型コロナウイルス感染症の感染拡大によって、「お酒との向き合い方」も大きな変化を迫られました。

緊急事態宣言下、まん延防止等重点措置下の地域では、飲食店などに対して休業・時短営業や酒類提供停止の要請が出され、大半の店が休業やお酒の提供なしの営業で乗りきろうと奮闘しました。私も飲食店経営者のひとりとして、国や自治体が行っている飲食店だけを標的にしていると思えるような感染対策にはいろいろ申し上げたいこともあります。このルールに対して不満もあります。

とはいえ、それでもルールはルール。ですから、『クラブ由美』も東京都の要請に従ってルールを守り、その範囲内で何とか営業を続けてきました。

またコロナ禍で、お酒を飲む側の行動に批判が集まるケースも目立っています。

例えば、飲む場所がないから道端で、公園で、コンビニの前で宴会を開くという屋外での「路上飲み」。これには屋外でも新型コロナウイルスの感染リスクがあるだけでなく、深夜まで大騒ぎしたり、ゴミを放置するなどの社会人としてのマナーの欠如も指摘されています。

また宣言が解除になったときも、複数人で押しかけて大騒ぎしながら飲食する、勝手にお酒を持ち込んで飲む、人数をごまかすといったお酒を飲む客側のマナーの悪さが頻繁にメディアで取り沙汰されました。

そんな話を聞くにつけ、そうした酒品の欠如した行為に「だから『お酒が悪者』という印象になってしまうんだ」と苦々しく思ったものです。飲食店の方々もみな同じ気持ちなのではないでしょうか。

私は思うのです。お酒に関してこれほどまでに制約が多いこのご時勢に、お酒とどう付き合うのか、どう向き合うのか――その立ち居振る舞いにこそ、その人の「酒品」が見えてくるのだろうと。

『クラブ由美』には、感染対策の時短要請・酒類提供停止要請のなか、限られた営業時間内におひとりで何度も足を運んでくださり、「お店に迷惑をかけられないから1杯だけ」。とか「お茶だけでも」と長居されることもなくすぐに帰られる――そんな清廉な「お酒飲みの品格」を携えたお客さまが大勢いらっしゃいます。この自粛期間中、そうしたお客さま方にどれだけ勇気をいただけたことか。本当にありがたいと思っています。

パーッと飲みに行きたいけれど、感染対策の自粛ルールでそれができないのなら、不満はあってもそこはグッとガマン。こうした状況下だからこそ、社会のルールを守り、マナーも守りながら、安全のことも考え、制約があるなりにお酒を楽しむ。
そうした自制心を持った行動ができることもまた、「酒品のある飲み方」なのではないでしょうか。
このコロナ禍の状況、考えようによっては自身のお酒との向き合い方、自身の酒品を今一度見つめ直すいい機会なのかもしれません。

ここをチェック！

酒は人なり。酒席における品性は、その人の本当の姿です。理性を失わず、周囲を明るく照らし、自らも愉しむ。そんな「酒品」があれば、仕事も人生も大きく飛躍を遂げるチャンスに恵まれます。「クラブ由美」でお客さまのそんな光景を幾度となく見てきました。

おわりに

最後までお読みいただき、ありがとうございました。

仕事などうまくいかなくても、成功しなくてもいい。仕事がデキなくても、成果が上がらなくても何とも思わない。周囲から信頼されなくても、慕われなくても構わない――。そんなことを本気で思っている人はまずいません。

私たちは誰でも仕事の成功を、自らのステップアップを、周囲の人々との心地よくて円満な関係を、人生の充実を望んでいます。

しかし同時に、それらがなかなか手に入らずに悩み、困惑し、ときに落ち込んだりします。なぜうまくいかないのか。なぜうまく付き合えないのか。なぜ結果が出せないのか――。そう自問自答することは決して無駄ではありません。その答えを見つけること、見つけようと意識することで新たな道は拓けてくるものだと、私は思っています。

銀座に店を構えてから今日までの私も、大げさな話ではなく、そうした自問自答の毎日を過ごしてきました。自分で考え、悩み、そして家族や友人、仕事仲間やお客さまのお話に耳を傾け、それを自分のなかで噛み砕き、消化し、血肉とすることでわが身と心を奮い立たせてきました。今もその日々は続いています。

そうした日々の繰り返しのなかで痛感したのが、「はじめに」でも申し上げた「自分には見えていない自分自身に気づくこと」の大切さだったのです。

人間は理性の生き物でも本能の生き物でもなく、「習慣」の生き物だ――こんな言葉を聞いたことがあります。

今の自分の状況を変えて「なりたい自分、なりたい状態」を手に入れるには、まず無意識のうちに行動を左右する自分に根付いた習慣に気づくこと。そしてよい習慣にはより磨きをかけ、よくない習慣は修正していくことが大事なのですね。

新型コロナ感染症の感染拡大によって仕事の進め方や向き合い方にも新しい様式やスタイルが求められています。

それでもビジネスとは、最終的には「人対人」で行われるもの。そこには時代や社会情勢を超えてなお変わらない「普遍的な仕事の原理原則」があるはずです。

本書で紹介した33項目は、〝今さら感〟が強い当たり前のことばかりだと思います。でも、その「今さら言われるまでもないこと」ができていない自分に気づいていない人が少なからずいることも歴然とした事実なのです。

私自身、「人様に対してこんなことを書いている自分はどうなのか。きちんとできているのか」を自問し、偉そうなことを言えない自分を反省しながらこの原稿をまとめたつもりです。

仕事や人間関係がうまくいく、いかない。仕事で結果が出せる、出せない。

それらを「運、不運」で片づけるのは簡単です。でもそれは偶然の巡り合わせではありません。「運、不運」とは自分自身の習慣や行動、立ち居振る舞いという「必然」によってもたらされるものなのではないでしょうか。だからこそ、当たり前の原理原則を守れているか。

気づかないうちに原理原則に反した行動をしていないか。

自分自身を見つめる目を持って、常にそう自分に問いかけ、自省し、自戒する。その姿勢が、仕事の成功や人生の充実を手にするための第一歩になると思うのです。

本書を通じて「普遍的な仕事の原理原則」を再認識していただくことが、みなさまの「今」と「これから」をよりよく変える一助となれば、この上ない幸せです。

本書を出版するに際して、「クラブ由美」のお客さまをはじめ多くの方々に多大なるお力添えをいただきました。この場を借りて厚く御礼申し上げます。

2021年　8月

「クラブ由美」オーナーママ　伊藤由美

「運と不運」には理由があります

銀座のママは見た、成功を遠ざける残念な習慣33

著者 伊藤由美

２０２１年9月10日 初版発行

伊藤由美（いとう・ゆみ）

銀座「クラブ由美」オーナーママ、東京生まれの名古屋育ち。18歳で単身上京。１９８３年4月、23歳でオーナーママとして「クラブ由美」を開店。以来、〝銀座の超一流クラブ〟として政治家や財界人など名だたるＶＩＰたちからの絶大な支持を得て現在に至る。本業の傍ら、「公益財団法人動物環境・福祉協会Ｅｖａ」の理事として動物愛護活動を続ける。著書に『銀座の矜持』『スイスイ出世する人、デキるのに不遇な人』『できる大人は、男も女も断わり上手』、共著に『記憶力を磨いて、認知症を遠ざける方法』（いずれも小社刊）などがある。

発行者 佐藤俊彦

発行所 株式会社ワニ・プラス
〒１５０-８４８２
東京都渋谷区恵比寿４-４-９ えびす大黒ビル７Ｆ
電話 ０３-５４４９-２１７１（編集）

発売元 株式会社ワニブックス
〒１５０-８４８２
東京都渋谷区恵比寿４-４-９ えびす大黒ビル
電話 ０３-５４４９-２７１１（代表）

装丁 橘田浩志（アティック）
柏原宗績

編集協力 柳沢敬法

ＤＴＰ 株式会社ビュロー平林

印刷・製本所 大日本印刷株式会社

ISBN 978-4-8470-6189-9

ワニブックスＨＰ https://www.wani.co.jp